03

Abnormal Psychology

양극성 장애

조용래 · 김빛나 지음

_ 기분의 상승과 하락을 반복하는 사람들

'이상심리학 시리즈'를 내며

21세기를 살아가는 우리는 급격한 변화와 치열한 경쟁으로 이루어진 현대사회에 적응해야 하는 커다란 심리적 부담을 안고 있다. 이러한 현실 속에서 현대인은 여러 가지 심리적 문제와 장애에 직면하게 될 가능성이 높다.

정신건강에 대한 사회적 관심이 증대되면서, 이상심리나 정신장애에 대해서 좀 더 정확하고 체계적인 지식을 접하고자 하는 사람들이 늘어나고 있다. 그러나 막상 전문서적을 접하게 되면, 난해한 용어와 복잡한 체계로 인해 쉽게 이해하기 어려운 것이 현실이다.

이번에 기획한 '이상심리학 시리즈'는 그동안 소수의 전문가에 의해 독점되다시피 한 이상심리학에 대한 지식을 일반 독자들에게 소개하기 위한 것이다. 이를 위해서 다양한 정신장애에 대한 최신의 연구 내용을 가능한 한 쉽게 풀어서 소개하려고 노력하였다.

'이상심리학 시리즈'는 서울대학교 심리학과 임상 · 상담심리학 교실의 구성원이 주축이 되어 지난 2년간 기울인 노력의 결실이다. 그동안 까다로운 편집 지침에 따라 집필에 전념해준 집필자 모두에게 감사드린다. 아울러 어려운 출판 여건에도 불구하고 출간을 지원해주신 학지사 김진환 사장님과 한 권 한 권마다 좋은 책이 될 수 있도록 성심성의껏 편집을 해주신 편집부 여러분에게 고마움을 표한다.

인간의 마음은 오묘하여 때로는 "아는 게 병"이 될 수 있다. 그러나 이러한 우려보다는 "아는 게 힘"이 되어 보다 성숙하고 자유로운 삶을 이루어나갈 수 있는 독자 여러분의 지혜로움을 믿으면서, '이상심리학 시리즈'를 세상에 내놓는다.

2000년 4월

서울대학교 심리학과 교수

원호택, 권석만

2판 머리말

누구나 살다보면 기분의 변화를 경험하게 된다. 어느 정도의 기분 변화는 정상적이며 우리의 인생을 다채롭게 만들어 준다. 그러나 때로 극단적인 기분 변화가 인지 및 생리적 변화까지 동반하며 나타나 일상생활 적응에 어려움을 겪게 만드는 경우가 있다. 대표적으로 양극성 장애는 우울증부터 조증까지 다양한 기분 상태를 순환하는 것이 특징인 정신장애로, 조울증이라고 불리기도 한다.

양극성 장애는 재발하는 만성적인 정신장애로, 효과적으로 관리하기 위하여 장애에 대한 정확한 지식을 가지고 환자 자신과 가족 그리고 치료진이 협력적으로 대처하는 것이 매우 중요하다. 그러나 아쉽게도 국내에서는 양극성 장애 환자나 가족 그리고 일반인을 위한 책을 찾아보기 힘들었다. 이러한 상황에서 지난 2000년 『양극성 장애』 1판이 출간되어 많은 독자에게 양극성 장애가 무엇이고, 왜 발생하며, 어떻게 치료할 수 있는지에 대한 실제적인 지식과 기술을 제공하는 중요한 역할을 했다. 그러나 이후로 지난 15년간 양극성 장애 연구가 진척되어오면서 몇 가지 중요한 발전이 있었다. 또한 2013년에는 DSM-5의 개정으로 인하여 진단 기준과 용어의 변화도 있었다.

이에 『양극성 장애』의 개정 작업을 하면서 진단체계의 변화에 따라 변경되어야 할 내용을 수정 반영하였다. 그리고 최근의 연구에서 밝혀진 최신 지견들을 포함하여 1판의 내용을 보강하고자 하였다. 양극성 장애는 유전성이 있는 정신장애이기는 하지만, 약물치료만으로는 재발을 충분히 방지할 수 없다는 한계가 있으며, 약물치료 외에 심리사회적 접근을 병행하는 것이 도움이 된다고 한다. 따라서 이러한 생물심리사회적 입장에서 양극성 장애의 원인론과 치료 부분을 재편하여, 최근 발전해온 통합적인 관점을 독자에게 더 명료하게 제시하고자 하였다. 특히 마음챙김 명상과 대인관계 및 사회적 리듬 치료와 관련된 부분을 새로 추가하였으며, 약물치료를 일부 수정 보완하였다.

마음챙김 명상과 관련된 자료의 인용을 흔쾌히 허락해준 이우경 교수님과 유성진 교수님 그리고 대인관계 및 사회적 리듬 치료 관련 자료를 제공해주신 미국 피츠버그 대학병원의 엘렌 프랭크Ellen Frank 교수님과 홀리 슈왈츠Holly Swartz 교수님께 감사드린다.

앞으로 이 책이 1판과 같이 양극성 장애 환자와 가족을 위한 자가치료 지침서이자 양극성 장애에 관심이 있는 일반 독자를 위한 교양서로 유용하게 활용되기를 기대한다.

2016년

조용래, 김빛나

차례

양극성 장애란 무엇인가

1. 양극성 장애 혹은 조울증

"하루에도 기분이 자주 변하는데 이게 병입니까?"

"조울증이란 무엇입니까?"

"이런 병은 유전되지 않습니까?"

"이 장애를 계속 앓을 경우 나중에 바보가 되나요?"

"내 병은 치료가 되나요?"

"나는 평생 약을 복용해야 합니까? 약물치료 말고 다른 치료법은 없습니까?"

"이 병의 재발을 막으려면 어떤 조치를 취해야 합니까?"

"가족은 어떻게 해야 합니까?"

주변 사람들이나 환자 또는 그 가족에게서 양극성 장애bipolar disorder와 관련하여 이와 같은 질문들을 많이 받게 된다. 양극성 장애는 극심하게 침울하고 슬픈 기분에서부터 기분이 지나치게 고양되고 유별나게 쾌활한 양상에까지 이르는 극단적인 기분의 변화가 주기적으로 나타나는 것이 주된 특징이다.

양극성 장애에 대한 기록은 고대 그리스 시대부터 존재해 왔지만 20세기에 들어와 본격적으로 정신장애로 분류되었다. 구체적인 임상 양상은 하위 유형별로 차이가 있으나, 대체로 갑자기 기분이 고양되는 조증mania 상태가 나타났다가 얼마 뒤에 사라지고, 어느 정도 정상적인 생활을 하다가 서서히 우울증depression을 나타낸다는 공통점이 있다. 이처럼 조증과 우울증이 교대로 나타나는 경우가 많아서 양극성 장애를 조울증이라고 부르기도 한다.

또한 양극성 장애는 대인관계 및 직업적 적응의 곤란, 알코올중독 등의 물질 남용, 자살과 관련되는 심각한 정신장애이지만, 다른 한편으로는 높은 성취나 창의성 등과도 연결되어 천재나 예술가의 천형으로 신비화되기도 한다. 이와 같이 양극성 장애는 병과 증상 자체의 다면성뿐 아니라 정신장애 중에서는 흔치 않게 일상생활 적응에 부정적 영향을 비롯하여 긍정적 영향도 미치는 양면성을 가지고 있는 복합적인 장애다.

◆ 양극성 장애의 종류

심리학 및 정신의학 등 관련 전문 분야에서는 정신장애를 분류하는 데 『정신장애의 진단 및 통계 편람Diagnostic and Statistical Manual of Mental Disorders, DSM』을 공식적으로 사용하고 있다. 기존 DSM 진단체계에서 양극성 장애는 우울장애와 더불어 기분장애에 속해 있었다. 그러나 양극성 장애가 원인, 경과, 예후의 측면에서 우울장애와 차이가 있다는 점이 밝혀지면서, 최근 개정된 DSM-5(APA, 2013)에서는 양극성 장애를 별도의 독립된 범주로 분류하게 되었다.

양극성 장애는 어떠한 기분삽화를 경험하느냐에 따라 3가지의 하위 유형으로 나뉜다. 제I형 양극성 장애는 한 번 이상의 조증 삽화를 보이는 것이 가장 큰 특징이며, 비록 진단을 위해 필요한 것은 아니지만 대부분의 경우에 주요우울증 삽화도 동반된다. 제II형 양극성 장애는 한 번 이상의 주요우울증 삽화가 나타나고, 한 번 이상의 경조증 삽화가 동반된다. 아울러 조증 삽화를 경험한 적이 없어야 한다. 순환감정 장애cyclothymic disorder는 만성적인 기분장애로서, 기분삽화 기준을 충족시키지 못하는 상대적으로 덜 심각한 정도의 경조증 및 우울증 시기가 여러 차례 반복하여 수년간아동은 1년간 지속된다. ◆

2. 우울증

우선 양극성 장애의 주요 구성 요소 중 하나인 우울증부터 살펴보자. 누군가 우리가 살아가는 요즘을 '우울의 시대'라고 했듯이, 우울증은 우리 생활에서 감기처럼 흔한 심리적 장애다. 실직, 사업 실패, 임금 삭감과 같은 사회경제적인 스트레스 사건에 직면한 후 심한 좌절감이나 절망감을 느끼고, 이혼, 범죄행동이나 비행, 심지어는 자살 기도를 하는 사람들을 주위에서 드물지 않게 볼 수 있다.

대학에 갓 입학한 신입생 중 대학이라는 새로운 상황에 적응하지 못해, 또는 새로운 친구를 사귀기 힘들어서 기죽어 지내는 학생들이 적지 않다. 뿐만 아니라 여태까지 살아오면서 자신을 위해 아무것도 해놓은 것이 없다며 삶의 의미를 찾지 못해 방황하는 중년 여성과 남성, 그리고 자식 뒷바라지에 인생을 다 바친 후 신체적 · 경제적 쇠퇴 과정에서 마치 빈 둥지에 갇혀 지내는 듯한 느낌을 받는 노인 중에서 우울 증상을 호소하는 사람들을 어렵지 않게 접할 수 있다.

1) 정상적 우울과 병적 우울

인간이라면 누구나 세상사에 희로애락을 경험하고 평상시와는 다른 기분의 변화를 경험할 수 있다. 그리고 하루에도 여러 가지 기분 상태를 경험하는 것은 드문 일이 아니다. 앞서 언급했듯이, 우울 증상은 일상생활에서 흔히 나타나는 보편적인 양상이다.

그렇다면 정상적인 기분 변화와 '비정상적인 또는 병적인 기분 변화'는 어떻게 구별할 수 있을까? 첫 번째 기준은 기분 변화가 얼마나 지속되고 얼마나 강한가, 그리고 특정한 자극 또는 사건과 밀접한 연관성이 있는가 하는 것이다. 예상과 달리 시험성적이 낮게 나왔다는 사실을 확인한 직후 자신이 실망스럽게 여겨지고 의기소침한 기분이 든 대학생이 있다고 하자. 그런데 이런 기분이 일시적이며 다른 즐거운 일예: 이성 친구로부터 선물을 받음을 경험한 뒤로 사라졌다면, '정상적인 상태'라 할 수 있다.

반면에 의기소침한 기분을 유발시킨 특정 스트레스 사건의 영향이 사라졌음에도 불구하고, 그런 기분이 쉽게 가라앉지 않고 계속 악화될 경우 일단 '비정상적인 상태', 즉 우울증으로 발전하고 있다고 볼 수 있다.

두 번째 기준은 우울한 기분만이 아니라 인지적 · 행동적 및 신체 · 생리적 변화가 동반되고 있는가 하는 문제다. 우울한 기분뿐 아니라 자신감 상실, 비관적인 태도, 자살사고, 의욕저하, 느린 행동, 불면증, 식욕감퇴 등을 함께 드러내는 경우 '비정상적인 우울', 즉 우울증으로 간주된다.

세 번째 기준은 그러한 기분 변화로 인해 일상생활에 적응하는 데 얼마나 지장을 받고 있는가 하는 문제다. 다시 말해 자신이 속한 환경에 적응하는 수준, 즉 학업적 또는 직업적 적응과 대인관계적 적응 수준이 평상시에 비해 심하게 저하되어 있는가 하는 문제다. 우울한 기분을 호소하면서 공부에 집중하지 못하고, 성적이 계속 떨어지며, 타인과 만나는 것을 회피하는 사람들의 경우 잠정적으로 우울증일 가능성을 생각해볼 수 있다.

이상 3가지 기준을 종합적으로 고려하면 정상적 기분 변화와 병적인 우울 상태를 구분할 수 있다.

2) 우울증의 주요 증상

현재 자신이 경험하고 있거나 자신과 가까운 사람이 보이는 증상들이 우울증에 속하는지 알아보도록 하자. 우울증의 주요 증상은 다음과 같다.

(1) 정서적 증상

우울증의 정서적 증상으로는 불행감, 우울감, 슬픔, 고독감, 공허감, 절망감, 무의미감, 죄책감이 있다. 흔히 슬픔에 겨워 쉽사리 눈물을 흘리기도 한다. 우울증이 심각해지면 눈물조차 마른 상태에서 어떠한 정서적 색채도 남아있지 않은 듯한 무감동한apathetic 상태가 나타나기도 한다. 또한 이전에는 즐거움을 느꼈던 일이지만 이제는 재미를 느끼지 못하는 것도 우울의 핵심 증상으로, 심할 경우에는 어떤 일에서도 즐거움이나 흥미를 느끼지 못하는 무쾌감증anhedonia을 보이기도 한다.

(2) 사고 및 인지적 증상

우울증을 겪는 사람들은 주로 자기 자신, 미래 및 세상에 대하여 부정적이고 비관적인 생각을 한다. 흔히 삶이 허무하다는 생각이나 죽음에 대한 생각을 보이며, 실제로 자살을 계획하거나 기도하기도 한다. 뿐만 아니라 사고 활동이 위축되고 사고가 느리게 진행되며, 주의집중력과 기억력 및 사고력의 어려움을 호소하고, 우유부단해져 결정을 잘 내리지 못하는 경향이 있다.

특히 노인의 우울증에서는 기억력 저하가 두드러져 치매와 유사한 양상을 보일 수 있다. 이러한 가성 치매pseudo-dementia의 경우에는 우울감이 호전된 후에 인지 기능도 차츰 호전되는 예후를 보이므로 정확한 감별이 중요하다.

(3) 동기적 및 행동적 증상

무슨 일이든지 시작하기를 무척 어려워하며, 아침에 일어나기가 힘들어진다. 이전에 흥미를 가졌던 일이나 사회 활동과 대인관계를 멀리하고, 생활 전반에 걸쳐 의욕이 상실되며, 말이나 행동이 느려지고 활력이 떨어지는 경우가 흔하다. 그리하여 취미생활은커녕 학교생활이나 직장생활 및 사회활동도 제대로 하지 못하고, 기혼 여성의 경우 이전에는 능히 해낼 수 있었던 기본적인 집안일조차 적절하게 하지 못한다.

(4) 신체 증상

흔히 불면증을 호소한다. 잠드는 데 어려움을 겪는가 하면, 밤중에 깊이 잠들지 못하고 자주 깨기도 하고, 새벽에 일찍 깨는 경우가 많다. 또한 식욕을 잃고 체중이 감소한다. 환자에 따라서는 반대로 수면과 식욕 및 체중이 증가하는 비전형적atypical 양상을 나타내는 경우도 있다. 또한 쉽게 피곤해지고, 성욕이 감퇴되고, 월경이 불순해지며, 불감증 등 성기능 장애를 겪기도 한다.

(5) 정신증적 증상

우울증 삽화 동안에 약 10~15%의 사람들에게서 정신증적 증상이 나타난다. 정신증psychosis이란 특정한 자극에 대한 지각이 외부 현실에 기초한 것인지 아니면 자기 내부의 공상이나 욕구 또는 충동에 의한 것인지를 구분하는 현실검증 능력에서 나타나는 장애를 의미한다. 대표적인 정신증적 증상으로는 환각hallucination과 망상delusion이 있다. 환각은 객관적인 외부 자극이 없는데도 주관적으로는 생생한 감각 경험을 하는 것이다. 심한 우울 상태에 있는 환자들은 자신을 비난하는 목소리가 들린다는 환청 또는 자기 때문에 죽었다고 생각하는 사람의 모습이 눈앞에 보인다는 환시를 호소하기도 한다. 망상은 논리적인 반박이나 객관적인 반대 증거에도 불구하고 변하지 않는 잘못된 신념을 말한다. 죄를 많이 지어 살 가치가 없다는 죄책망상, 세상살이가 덧없다는 허무망상, 불치병에 걸렸다는 신체망상, 돈이 너무 없어서 굶어죽게 될 것이라는 빈곤망상 등이 심한 우울 상태에서 나타날 수 있다.

다음 사례는 여러 심리검사와 면담 후에 양극성 장애로 진단된 사람의 우울 증상들이다.

50대 초반인 황 씨는 10년 전에 남편과 사별한 이후 식당을 운영하면서 네 명이나 되는 자녀를 모두 대학교육까지 시켰다. 평소 활발하고 외향적인 성격의 황 씨는 심적으로 크게 의지하던 큰딸을 결혼시킨 직후부터 매우 우울해지고, 세상 사는 재미를 느끼지 못하고, 가슴 속이 텅 빈 것 같으며, 어떤 것에서도 삶의 의미를 찾을 수 없다고 생각하였다. 잠을 거의 자지 못해 수면제를 먹고 겨우 눈을 붙여도 전혀 개운치가 않았으며, 입맛도 잃게 되었다.

이렇다 보니 평소 열심히 하던 식당일도 게을리하게 되었고, 혼자 집에서 누워만 지냈으며, 아무런 활동도 하지 않았다. 목욕은커녕 세수조차 하지 않아 몸에서는 냄새가 날 정도였다. 황 씨는 이러한 우울 증상들로 인해 정신과 병원에 입원하여 치료를 받게 되었다.

3) 우울증의 진단과 평가

우리는 앞에서 우울증이 어떤 증상을 보이는지 살펴보았다. 혹시 독자 여러분도 스스로 이와 비슷한 문제를 가지고 있다고 생각하지는 않는가? 그렇더라도 지금까지의 내용만 가지고 자신이 우울증인지 아닌지를 진단내리기는 어려울 것이다. 자신의 상태가 임상적인 우울증의 기준에 맞는지 판단하기 위하여 DSM-5에서 제시하고 있는 〈주요우울증 삽화의 진단기준〉을 참고할 수 있다(APA, 2013).

주요우울증 삽화의 진단기준 (DSM-5; APA, 2013)

A. 다음 증상 중 5개 또는 그 이상이 연속 2주 동안 지속되며, 이러한 상태가 이전 기능으로부터의 변화를 나타냄. 이런 증상 중 적어도 한 가지가 (1) 우울한 기분 또는 (2) 흥미나 즐거움의 상실이어야 한다.

(1) 하루의 대부분, 그리고 거의 매일 지속되는 우울한 기분이 주관적 보고(슬프거나 공허하거나 절망감을 느낌)나 객관적 관찰(울 것처럼 보임)에서 드러남.
(주: 아동이나 청소년의 경우에는 과민한 기분)

(2) 모든 또는 거의 대부분의 일상 활동에 대한 흥미나 즐거움이 하루의 대부분 또는 거의 매일 같이 뚜렷하게 저하되어 있음(주관적 설명이나 타인의 관찰에서 드러남).

(3) 체중 조절을 하고 있지 않은 상태에서 유의한 체중 감소나 체중 증가(예: 1개월 동안 체중이 5% 이상 변화)가 나타남. 거의 매일 식욕 감소나 식욕 증가가 나타남
(주: 아동의 경우에는 체중 증가가 기대치에 미달되는 것을 고려).

(4) 거의 매일 불면이나 과다수면이 나타남.

(5) 거의 매일 정신운동성 초조 또는 지체가 나타남(주관적인 좌불안석이나 느려진 느낌에 그치지 않으며 타인에 의해 관찰 가능함).

(6) 거의 매일 피로하거나 활력을 상실함.

(7) 거의 매일 무가치감 또는 과도하거나 부적절한 죄책감이 나타남(망상적일 수도 있으며, 단순히 병에 대한 자책이나 죄책감이 아님).
(8) 거의 매일 사고력이나 집중력의 감소 또는 우유부단함이 나타남(주관적 설명이나 타인 관찰에 의함).
(9) 죽음에 대한 생각(단지 죽음에 대한 두려움이 아님), 구체적인 계획이 없는 자살사고 또는 자살시도나 자살에 대한 특정한 계획이 반복됨.

B. 증상이 사회적 · 직업적 · 기타 중요한 기능영역에서 임상적으로 심각한 고통이나 장해를 일으킨다.

C. 기분삽화가 물질이나 다른 신체질환의 생리적 효과로 인한 것이 아니다.

* 주: 진단기준 A–C는 주요우울증 삽화를 구성한다. 주요우울증 삽화는 제 I 형 양극성 장애에서 흔하게 나타나지만, 제 I 형 양극성 장애를 진단하는 데 필수조건은 아니다.
* 주: 심각한 상실(예: 사별, 재정적 파산, 자연재해, 심각한 의학적 질병 또는 장애)에 대한 반응들은 진단기준 A에 해당되는 극심한 슬픔, 상실에 대한 반추, 불면, 식욕 감소, 체중 감소를 포함할 수 있으며, 우울증 삽화와 유사할 수 있다. 이러한 정상적 반응에 더하여 주요우울장애가 추가적으로 존재하는지에 관해서는 개인력과 문화적 규범을 고려한 주의 깊은 임상적 판단이 요구된다.

◆ 우울증에 대한 자가평정척도

주요우울증 삽화의 진단기준을 자신에게 적용시켜보면 자신의 문제가 주요우울증 삽화에 해당되는지 가늠해볼 수 있다. 그렇지만 이러한 진단기준은 주로 훈련받은 전문가들이 사용하는 것이기 때문에 일반인이 사용하기에는 어려움이 있다. 그래서 스스로 우울증인지 아닌지, 그리고 자신이 얼마나 우울한지 등을 평가해보기 위해서 우울증을 측정하는 질문지를 사용할 수 있다. 다음의 〈우울 자가평정척도〉를 통하여 자신의 우울 상태를 점검해보도록 하자. ◆

우울증의 자가진단

자신의 심리적 상태를 자가진단해 볼 수 있도록 아래에 우울증과 관련된 여러 경험 내용이 열거되어 있습니다. 아래의 문항들을 잘 읽고 '지난 한 주 동안 이런 경험을 얼마나 자주 했는지'를 그 빈도에 따라 적절한 숫자에 ○표 하십시오.

0	1	2	3
전혀 그렇지 않다	가끔 그렇다	자주 그렇다	항상 그렇다

1. 나는 슬프고 기분이 울적하다.	0	1	2	3
2. 나의 앞날에 희망이 없다고 느껴진다.	0	1	2	3
3. 내 자신이 무가치한 실패자라고 생각된다.	0	1	2	3

4. 나는 다른 사람에 비해 열등하고 뭔가 잘못되어 있다고 느껴진다.	0 1 2 3
5. 나는 매사에 나 자신을 비판하고 자책한다.	0 1 2 3
6. 어떤 일을 판단하고 결정하기가 어렵다.	0 1 2 3
7. 나는 쉽게 화가 나고 짜증이 난다.	0 1 2 3
8. 진로, 취미, 가족, 친구에 대한 관심을 잃었다.	0 1 2 3
9. 어떤 일에 나 자신을 억지로 내몰지 않으면 일을 하기가 힘들다.	0 1 2 3
10. 나의 외모는 추하다고 생각한다.	0 1 2 3
11. 식욕이 없다(또는 지나치게 많이 먹는다).	0 1 2 3
12. 불면으로 고생하며 잠을 개운하게 자지 못한다(또는 지나치게 피곤하여 너무 많이 잔다).	0 1 2 3
13. 성에 대한 관심을 잃었다.	0 1 2 3
14. 나의 건강에 대한 걱정을 많이 한다.	0 1 2 3
15. 인생은 살 가치가 없으며 죽는 게 낫다는 생각을 한다.	0 1 2 3

채점 및 해석

15개 문항에 대해 ○표 한 숫자를 합하면 총점이 되며, 총점의 범위는 0~45점이다.

- 0~10점: 현재 별로 우울하지 않은 상태다.
- 11~20점: 가벼운 우울 상태에 있어 보인다. 기분을 새롭게 전환하는 노력이 필요하다.
- 21~30점: 무시하기 힘든 상당한 우울 상태. 우울 상태를 극복하기

위한 적극적인 노력이 필요하며, 이런 우울 상태가 2개월 이상 지속되면 전문가의 도움을 구하는 것이 좋다.
- 31~45점: 심한 우울 상태에 있어 보인다. 가능한 한 빨리 전문가의 도움을 받아야 할 것이다.

3. (경)조증

누구나 한 번쯤은 어떤 일에서 성공하거나 다른 사람들로부터 칭찬을 들은 적이 있을 것이다. 각자가 실제로 겪은 성공경험 중 가장 최근에 있었던 장면을 한번 생생하게 상상해보라. 이런 상상을 하는 것만으로도 벌써 기분이 좋아지고 절로 웃음이 나올 것이다. 또한 자신감이 증가하고 신바람이 나서 하던 일을 더 열심히 하게 될 것이다. 이것은 지극히 당연하고 보편적인 현상이라고 할 수 있다.

이러한 보편적인 심리 현상과 병적인 조증 또는 경조증 상태를 어떻게 구분할 것인가? 이 역시 우울 상태와 마찬가지로 기분 변화의 지속 시간과 강도, 환경자극과의 밀접한 연관성 및 다른 증상의 동반 여부, 그리고 생활적응에 지장을 받는 정도 등을 종합적으로 고려하여 판단할 수 있다.

1) (경)조증의 주요 증상

(경)조증의 임상 양상은 앞서 소개한 우울증과는 정반대되는 현상으로서, 이것 역시 정서적 · 인지적 · 동기적 및 행동적 · 신체적 · 정신증적 증상으로 나타난다.

(1) 정서적 증상

(경)조증 상태에서는 기분이 고양되어 있고, 의기양양하고, 들떠있고, 병적일 정도로 행복감에 심취해 있으며, 마치 '세상 천하를 다 얻은 것 같은' 기분이 들기도 한다. 한편, 기분이 들뜨기보다는 주로 과민하고 흥분되는 (경)조증도 있다. 자신의 욕구나 의사가 좌절되는 경우 이를 참아내는 욕구좌절에 대한 인내력이 매우 약하고, 충동표현을 억제하는 것이 힘들며, 주기적으로 흥분하거나 적대감 및 공격성의 폭발이 나타나기도 한다. 유쾌감과 울적함 그리고 과민함 사이를 오가며 갑자기 감정이 변동하는 불안정성도 흔하다. 특히 들뜬 기분에 지나치게 높게 세워놓은 자신의 야심찬 계획이 방해받을 경우에는 이를 참지 못하고 느닷없이 화를 내며 난폭한 행동을 보이기도 한다.

(2) 인지적 증상

(경)조증 환자가 보이는 사고의 내용은 기분 상태와 일치한다. 자기 자신, 미래 및 세상에 대하여 대단히 긍정적인 견해를 보인다. 자신의 능력을 과대평가하고, 자신만만하고 거만하며, 세상과 자신의 미래를 지나칠 정도로 낙관적으로 보고, 자기 행동의 부정적 결과를 과소평가한다. 어떤 조증 환자는 자신감이 너무 지나쳐서 부적절할 정도로 과대적인 사고를 보이며, 심할 경우 자신이 조물주와 같이 전지전능하다거나 세계적인 거물이라는 식의 과대망상을 보이기도 한다.

또한 이들은 아이디어가 매우 풍부하고, 말이 지나치게 많고, 사고가 빨리 진행되며, 한 주제에서 다른 주제로 사고의 흐름이 신속하게 바뀐다. 주변 소음이나 벽에 걸려있는 그림과 같이 불필요한 자극에 쉽게 주의가 산만해지고, 듣는 사람들이 도저히 이해하기 힘들 정도로 논리의 비약을 보이기도 한다. 그리고 판단력에 장애를 보여 사업상의 실패나 큰 금전적 손실을 보기도 한다.

(3) 동기적 및 행동적 증상

(경)조증 상태에서는 기분이 고양되어 있는 만큼 무엇이든 굉장한 일을 이룰 것 같은 의욕에 차 있고, 목표지향적인 활동이 매우 증가한다. 흔히 여러 가지 직업적 · 정치적 · 종교적

활동을 과도하게 계획하고 그러한 활동에 열광적으로 몰두한다. 대인관계적 활동 역시 지나치게 증가하는데, 시도 때도 없이 친구나 친척들에게 마구 전화를 해대는 것이 그 한 예다.

(경)조증 환자는 자신의 행동이 실제로 다른 사람들에게 얼마나 주제넘고 지배적이며 요구적으로 보이는지 잘 깨닫지 못한다. 이들은 고양된 기분과 과도한 낙관주의, 약화된 판단력의 결과로 종종 자신의 행동이 가져올 미래의 부정적 결과를 고려하지 않은 채 과소비, 무모한 운전, 경제적 투자, 낯선 사람과의 무분별한 성행위 등 어리석고 위험한 활동에 열중하기도 한다.

(4) 신체적 증상

수면에 대한 욕구가 줄어들고, 며칠 동안 잠을 거의 자지 않고도 피로한 줄 모른다. 그러다 2~3일 후에는 지쳐서 행동이 줄어들기도 하지만, 기분은 여전히 안절부절못하고 들떠있는 것을 볼 수 있다. 수면 욕구의 감소는 (경)조증의 매우 특징적인 증상으로, 잠을 자고 싶지만 잘 수 없어 괴로운 불면과는 구분된다. (경)조증 삽화가 시작되기 전 흔히 수면 욕구 감소가 선행된다.

(5) 정신증적 증상

경조증 삽화에서는 정신증적 증상이 나타나지는 않으나, 때로 조증 삽화 동안에 환각이나 망상과 같은 정신증적 증상이 동반되기도 한다. 어떤 조증 환자의 경우 옷을 벗으라는 환청에 반응하여 다른 환자들과 치료진이 있는 입원실에서 옷을 다 벗은 채로 돌아다니기도 하고, 자신이 대통령이라며 모든 사람이 자신을 존경하고 숭배해야 한다는 과대망상을 보이기도 한다.

다음은 양극성 장애의 조증 삽화를 보여 병원에서 입원치료를 받은 사례다.

문 씨는 20대 후반에 회사에 취직하여 직장생활을 잘 해오던 30대 중반의 기혼 남성이다. 그는 최근 몇 달 전부터 갑자기 말이 많아졌으며, 잠도 거의 자지 않고 지칠 줄 모르게 일을 벌였다. 그렇지만 시작한 일을 끝까지 마무리한 적은 없었고, 자신은 큰일을 할 사람이라며 그동안 잘 다니던 직장에도 사표를 제출하였다. 또한 자신이 세운 사업계획에 사용할 것이라며 여러 개의 신용카드를 만들어서 돈을 물 쓰듯이 낭비하기도 했다. 이전과 달리 부인에게 신경질을 자주 냈고, 과거의 불만들을 쏟아내며 이혼을 요구하기도 했다.

시간이 갈수록 문 씨의 증상은 점점 심해졌다. 평소 종교에는 관심도 없더니 집 근처 교회에 몇 차례 다녀와서는 찬송가를 크게 틀어놓고 큰 소리로 기도를 하였으며, 기독교, 불교 및 단학 등의 진리를 직접 체험했다고 떠들고 다녔다. 심지어 자신이 체득한 진리를 깨우치러 전 세계 사람이 자신의 동네로 몰려들 것이라고 큰소리를 치기도 했다.

이후 금식을 한다며 식사도 하지 않고 잠도 두세 시간 정도밖에 자지 않았으며, 부산하게 돌아다녔다. 자신의 아이디어가 국민의 생활에 큰 도움이 될 것이라며 대통령에게 편지를 수차례 보냈고, 자신이 마치 신인 양 떠들어댔으며, 돈 낭비도 더욱 심해졌다. 문 씨는 이러한 조증 증상으로 인해 정신과 병원에 입원하게 되었다.

2) (경)조증의 진단과 평가

지금까지 (경)조증의 주요 증상과 실제 사례를 살펴보았다. 혹시 자신이 이와 비슷한 문제를 가지고 있다고 생각하지는 않는가? 그렇더라도 지금까지의 내용만 가지고 자신이 (경)조증인지 아닌지를 진단내리기는 어렵다. 이번에는 DSM-5(APA, 2013)에서 제시하는 〈조증삽화의 진단기준〉을 통해 어떤 증상을 얼마나 보여야 조증으로 공식 진단할 수 있는지 살펴보자.

조증 삽화의 진단기준 (DSM-5; APA, 2013)

A. 비정상적으로 고양되거나 의기양양하거나 과민한 기분 그리고 증가된 목표 지향적 활동과 에너지가 적어도 일주일간 (만약 입원이 필요하다면 기간과 상관없이) 분명하게 지속된다.

B. 기분 장해 및 증가된 에너지와 활동의 기간 동안 다음 증상 가운데 3가지 이상(만약 기분이 과민하기만 하다면 4가지 이상)이 심각한 정도로 나타나서 평소 행동으로부터 눈에 띄는 변화가 일어난다.

(1) 팽창된 자존감 또는 심하게 과장된 자신감
(2) 수면에 대한 욕구 감소(예: 단 3시간의 수면으로도 충분하다고 느낌)
(3) 평소보다 말이 많아지거나 말을 계속하게 됨
(4) 사고의 비약 또는 사고가 연달아 일어나는 주관적 경험
(5) 주의 산만(예: 중요하지 않거나 관계없는 외적 자극에 주의가 쉽게 분산됨)
(6) 목표 지향적 활동(사회적 · 직업적 · 성적 활동) 또는 정신운동성 초조
(7) 고통스러운 결과를 초래할 쾌락적인 활동에 지나치게 몰두함(예: 절제되지 않는 과소비, 무분별한 성행위 또는 어리석은 사업 투자)

C. 기분 장해가 심각하여 사회적 또는 직업적 기능에 현저한 장해를 일으키거나 자해, 타해의 위험을 방지하기 위하여

입원이 필요하고, 또는 정신증적 양상이 동반된다.

D. 기분삽화가 물질(예: 약물 남용, 투약 또는 다른 치료)이나 다른 의학적 상태의 생리적 효과로 인한 것이 아니다.
(주: 약물이나 전기자극치료 등 항우울 치료 동안 나타나지만 그러한 치료의 효과로 유발되는 정도 이상으로 충분히 지속되는 완전한 조증 삽화가 있을 경우, 제I형 양극성 장애로 진단 가능한 조증 삽화다.)

* 주: 진단기준 A~D가 조증 삽화를 구성한다. 제I형 양극성 장애로 진단하기 위해서는 일생 동안 적어도 한 번 이상의 조증 삽화가 필요하다.

이에 비하여 경조증 삽화는 평상시와는 분명히 다른 의기양양하거나 고양된 또는 과민한 기분, 그리고 증가된 활동과 에너지가 적어도 4일 이상 지속되는 것이 주요 특징이다. 아울러 7가지 조증 증상 중 3가지 이상(기분이 과민하기만 할 경우에는 4가지 이상)이 나타난다. 그러나 조증과 달리 이러한 증상이 일상생활 기능에는 현저한 지장을 주지 않으며, 입원이 필요할 정도로 심각하지 않을뿐더러 정신증적 양상도 동반되지 않는다. 그렇기 때문에 경조증 삽화를 경험하는 제II형 양극성 환자들은 주관적으로는 경조증을 긍정적인 시기로 경험하기도 하고, 경조증 기간에는 치료를 받으러 오지 않는 경우가 흔하다. 대신 제II형 양극성 장애 환자들은 우울 시기에 병원을 찾는 경향이 있으며, 병력에서 경조증 기간이 충분히 확인되지 않으면 단극성 우울증으로 오진되어 적합한 치료를 받지 못하는 경우가 있다.

DSM-5(APA, 2013)의 양극성 장애 진단에서 몇 가지 변화가 생겼는데, 그것은 다음과 같다. 첫째, 조증 및 (경)조증 삽화의 핵심 진단기준에 기분 변화 외에 활동성과 에너지 수준의 변화가 추가되었다. 이는 심리운동성 항진이 (경)조증에 핵심적이라는 최근의 견해를 반영한 것이다. 또한 임상 현장에서 환자들은 과거의 기분 변화보다 활동과 에너지 수준의 변화를 더 쉽게 기억해내는 것으로 알려져 있다. 둘째, 혼재성 삽화를 혼재성 양상with mixed features으로 대신하도록 변경되었다. 기존의 혼재성 삽화는 조증 삽화와 주요우울증 삽화를 동시에 만족해야 하는 엄격한 기준을 가지고 있었다. 그러나 혼재성 양상의 경우 조증 또는 주요우울증 삽화에서 반대쪽 기분삽화의 증상 3가지 이상예: 조증 삽화를 충족시키면서 3개 이상의 우울 증상이 함께 나타나면 해당 양상이 있는 기분삽화로 진단되어 혼재성 진단이 양극성 장애와 우울장애의 양쪽에서 모두 가능하게 되었다.

◆ 조증에 대한 타인평정척도

조증 삽화의 진단기준을 자신에게 적용시켜보면 자신의 문제가 조증 삽화에 해당되는지 알아볼 수 있다. 그렇지만 이러한 진단기준은 주로 훈련받은 전문가들이 사용하는 것이기 때문에 일반인이 사용하기 어려울 가능성이 있다. 그래서 스스로 또는 주변의 다른 사람이 조증인지 아닌지 평가해보기 위하여 자가평정척도나 타인평정척도를 사용해볼 수 있다.

다면적 인성검사MMPI의 경조증 척도 같은 자가평정척도는 스스로 자신의 장애를 인정하고 관련 증상을 솔직하게 보고하는 경우에 유용하게 사용될 수 있다. 그러나 양극성 장애, 특히 조증이나 경조증 삽화를 보이는 사람 중 자신에게 심리적 장애가 있다는 것을 부정하고 자가평정 자체를 거부하는 사람을 흔히 볼 수 있다. 이런 환자의 경우 자가평정척도를 실시할 수 없을뿐 아니라 억지로 실시하더라도 그 결과를 신뢰할 수 없다. 이러한 경우에 활용해볼 수 있는 것이 조증평정척도다.

여기서 소개한 〈조증평정척도〉는 원래 전문가가 주로 면담을 통해 특정 개인이 보이는 여러 가지 양상이 조증인지, 그리고 그 사람의 조증 정도가 얼마나 심각한지 평가하도록 개발된 것이다. 여기에 제시된 척도는 원래 척도에 포함되어 있는 전문용어들을 일반인이 비교적 알기 쉽게 수정하여 제시한 것이다.

조증평정척도

이 검사의 목적은 각 문항이 재는 비정상적인 행동이나 양상들이 특정 개인에게 얼마나 심각하게 나타나는지를 평가하는 데 있습니다. 이 검사를 정확하게 사용하기 위해서는 평가대상자를 최근 1주일간 관찰한 내용과 그 사람과 얼마간 대화를 직접 나누면서 그동안에 보이는 행동이나 반응에 근거하여 각 문항별로 알맞은 곳에 체크해주시기 바랍니다.

1. 평소와 달리 의기양양하고 고양된 기분을 보이는가?
   0. 그렇지 않음
   1. 직접 질문 시 약간 증가했을 수 있다고 대답함
   2. 주관적으로 고양되어 있다고 분명히 말함, 낙관적이고 자신감 있으며 즐거워하고 사고내용에 적절한 상태임
   3. 기분이 고양되어 있으며 사고내용에 부적절하고 유머가 풍부한 상태임
   4. 지나친 행복감, 부적절한 웃음, 노래를 부름

2. 평소와 달리 활동성 및 에너지 수준이 증가되어 있는가?
   0. 그렇지 않음
   1. 주관적으로 증가했다고 보고함
   2. 활기차고 제스처가 증가함
   3. 과도한 에너지를 보이고, 때로 과도한 활동을 보이며, 안절부절못함(차분하게 있을 수 있음)
   4. 운동성 흥분, 계속적인 과다활동을 보임(가만있지 못함)

3. 평소에 비해 성적 관심이 증가되어 있는가?
   0. 증가되어 있지 않음
   1. 약간 증가했을 수 있음
   2. 질문 시 뚜렷한 증가가 있다고 주관적으로 보고함
   3. 자발적인 성적 내용 표현, 성문제에 대해 설명, 과도한 성욕 증가를 스스로 보고함
   4. 노골적인 성행동(환자들에게, 치료진에게, 또는 면담자에게)을 보임

4. 수면 시간이 감소되었는가?
   0. 수면의 감소를 보고하지 않음
   1. 수면이 평상시보다 1시간 이하가 부족함
   2. 수면이 평상시보다 1시간 이상 부족함
   3. 수면 욕구가 감소되었다고 스스로 보고함
   4. 수면 욕구가 없다고 보고함

5. 자극과민성: 사소한 자극에도 쉽게 짜증을 내고 신경질적으로 반응하는 정도는?
   0. 평소와 비슷한 수준임
   2. 주관적으로 증가했다고 보고함
   4. 면담 동안 짜증을 내고, 최근에 화를 내거나 성가시게 행동한 삽화가 있음
   6. 면담 동안 빈번하게 과민한 행동을 보이고, 전반적으로 거칠고 퉁명스러움
   8. 적대적이고 비협조적이며 면담이 불가능함

6. 말의 속도 또는 비율 및 양이 적당한가?
   0. 증가 없음
   2. 본인 스스로 말이 많아졌다고 느낌
   4. 때로 말의 속도와 양이 동시에 증가했고, 간헐적으로 장황함
   6. 지속적으로 말의 속도와 양이 증가했음. 저지하기 어려움
   8. 말의 흐름이 매우 빠르고 말이 너무 많으며, 전혀 제지할 수가 없고, 계속해서 말을 지껄임

7. 언어–사고과정의 장애: 말에 조리가 없고 의사소통이 잘 되지 않는 정도는?
   0. 정상 수준
   1. 우회적이고(말의 주제에서 벗어나서 엉뚱한 방향으로 나감), 약간 주의가 산만하며 사고가 다소 빠르게 진행됨
   2. 주의 산만하며, 사고의 목표를 잃어버리고, 화제가 자주 바뀌며, 사고가 연달아서 일어남
   3. 사고의 비약을 보이며, 사고가 주제를 심하게 벗어나고 사고를 따라가기 어려우며, 운(韻)을 맞추어 말을 하고 반향언어를 보임(타인이 말한 것을 그대로 따라 말함)
   4. 지리멸렬하고(말의 조리가 전혀 없음), 의사소통이 불가능한 상태임

8. 사고 내용: 생각하는 내용이 남을 의심하거나 서로 무관한 사건들을 제멋대로 자기와 연결짓는가, 그리고 아무 근거도 없는 비현실적인 신념이나 환각 증세를 보이는가?
   0. 정상 수준임

2. 실행 가능성이 의심스러운 계획을 세우고, 새로운 관심사를 보임
4. 특별한 프로젝트를 세우고, 종교적인 생각에 지나치게 몰두함
6. 과대사고 또는 편집사고(남을 지나치게 의심함), 관계사고(뚜렷한 근거도 없이 외부 사건이나 중립적인 사건을 자기 자신과 관계된 것으로 생각함)를 보임
8. 망상 또는 환각을 보임

9. 공격적 행동: 면담자나 다른 사람들에게 공격적이고 면담 진행이 어려운 정도는?
0. 공격적이지 않으며 면담에 협조적임
2. 빈정거리고 목소리가 크며 경계하는 태도를 보임
4. 요구사항이 많고, 최근에 위협적인 행동을 보임
6. 면담자를 위협하고, 큰소리를 치며, 면담이 어려움
8. 지나치게 공격적이고 파괴적이며, 면담이 불가능함

10. 외모가 적절하고 손질이 잘 되어 있는가?
0. 옷차림과 외모 손질이 적절함
1. 최소한으로 단정치 못함
2. 불충분하게 손질되었고, 중간 정도로 몸치장이 흐트러져 있으며, 몸치장이 지나침
3. 몸치장이 흐트러져 있으며, 부분적으로 옷을 입고, 야한 화장을 함
4. 전혀 단정치 못하고, 장식을 많이 했으며, 괴이한 복장을 함

11. 병식: 자신의 병을 인정하고 치료의 필요성에 동의하는 성도는?
    0. 자신에게 병이 있음을 인정하고, 치료의 필요성에 동의함
    1. 자신에게 병이 있을 가능성을 인정함
    2. 행동에 변화가 있다는 점은 인정하지만 병이 있다는 점은 부인함
    3. 행동에 있어서의 변화 가능성은 인정하지만 병이 있다는 점은 부인함
    4. 어떠한 행동적 변화도 부인함

채점 및 해석

각 문항별로 해당 내용에 맞추어 평가를 한 후, 각 내용에 해당되는 점수를 합산하여 총점을 구한다. 이 점수가 자신의 조증 점수가 된다.

- 0~6점: 경조증이나 조증이 거의 없는 상태
- 7~15점: 경조증이 의심되는 상태
- 16점 이상: 조증이 의심되는 상태이며, 또한 문항 1이 3점 이상이면서 동시에 나머지 문항들 중 3개 이상의 문항에서 3점 이상인 경우 역시 조증이 의심되는 상태

평가 대상자를 평소에 잘 알고 그와 함께 생활하는 가까운 사람예: 가족이 이런 조증평정척도를 사용할 수 있다. 최근에 나타나는 행동과 함께 간단한 대화 중 관찰되는 반응 양상을 고려하여 그 사람이 조증 또는 경조증 상태인지 여부와 그 정도를 대략적으로 평가해볼 수 있다. 이를 통해 경조증이나 조증

이 의심되는 경우에는 신속하게 전문가에게 의뢰하는 것이 바람직하다.

3) 그림검사에 나타난 양극성 장애의 특성

정신과 환자들을 대상으로 심리평가를 실시하다보면 그림검사의 반응에서 양극성 장애, 특히 조증 삽화의 특성이 극명하게 나타나는 것을 쉽게 목격할 수 있다. 필자가 만난 환자 가운데 조증 삽화에 걸맞게 그림검사에서 특유한 반응을 보인 한 환자의 자료를 살펴보겠다.

(1) 행동관찰

이 환자는 집-나무-사람 그림검사에서 매우 신속하게 그림을 그렸고, 특히 나무와 남자 그림에서는 먼저 그렸던 부분을 곧바로 수정하는 등 충동적인 양상을 두드러지게 보였다. 집과 남녀 그림 속에는 그림 내용을 설명하는 말을 직접 적어넣었으며, 그림을 다 그린 후에는 날짜와 자신의 이름 또는 사인을, 특히 여자 그림에서는 해당 인물의 이름을 함께 기재하기도 했다. 그림으로 표현된 대상들의 크기는 전반적으로 컸으며, 특히 집과 여자 그림은 검사용지A4 크기의 백지의 거의 모든 면을 가득 채울 정도였다. 집 그림의 경우 여기에 싣기 위해 다른 어느 그림보다도 축소를 많이 해야 했다(환자의 신상을 보호하기 위하여 환자가 자발적으로 적어넣었던 검사 연도, 환자 이름 및 사인은 삭제했다. 다만 검사 날짜는 생생함을 위해 살렸다.).

(2) 집 그림

사람들이 집 그림을 그릴 때는 집을 그리라는 검사자의 지시에 따라서 집 한 채를 그리고, 거기에다가 지붕, 창문이나 대문 등을 그려넣는 것이 보통인데, 이 환자는 집 두 채를 그리고, 울타리와 주춧돌 등을 그렸으며, 닭과 병아리, 길가에 다니는 자동차도 추가로 그려넣었다. 또한 집 앞에는 논밭과 도로를 자세히 묘사하였으며, "하늘에는 여러 마리의 갈매기가 날고 있다"고 표현하기도 하였다. 이로 보아 환자의 기분이 고양되어 있고 활동력이 매우 증가되어 있음을 알 수 있다. 특히 초가집을 그렸으며, 이런 집에는 아무도 살지 않고 민속촌에나 가야 볼 수 있다고 말하면서도 초가집 지붕에 TV 안테나를 그려넣은 것(사람이 살고 있다는 증거일 수 있음)으로 보아 환자의 사고의 앞뒤 연결이 모순되고 즉흥적이며, 이런 정도가 심해질 경우 사고 양상이 비논리적이게 될 가능성이 시사된다.

일반적으로 집 그림은 피검사자의 현재 가정환경 및 가족과의 관계를 반영하는 것으로 알려져 있다. 이런 견해에 기초

〈집 그림〉

할 때, 환자가 현재 살고 있는 집이 아닌 '민속촌에만 남아있는' 집을 그리고 이 집에 살고 싶지 않다고 말한 것이나, 이런 집에 사람이 산다면 행복하고 사랑이 넘칠 것 같다고 말한 것 등은 이 환자의 심리를 이해하는 데 의미가 있어 보인다. 이러한 점들은 현재 환자의 가정 분위기와 부모에 대한 태도가 부정적이라는 사실과 행복하고 화기애애한 가정을 원하는 자신의 소망을 표현한 것으로 추측된다. 실제로 이 환자의 아버지는 자녀들이 무서워할 정도로 매우 엄격하고 완벽주의적이며, 어머니는 우울증으로 고생하고 있는 것으로 밝혀졌다.

(3) 사람 그림

사람 그림은 일반적으로 자신에 대한 의식적 자기상, 이상적 자기상, 또는 자신에게 중요한 인물을 묘사하는 것으로 알려져 있다. 이 환자의 그림과 언어적 반응 내용 및 상황 등을 종합적으로 고려할 때, 남자 그림은 실제 자기상이고 여자 그림은 자신이 희망하는 여성상을 반영할 가능성이 있는 것으로 보인다. 이러한 견해를 참고하여 이 환자의 심리적 특성을 이해해보자.

남자 및 여자 그림에서 각 요소를 설명하기 위해 본인이 직접 단어로 표현하였을 뿐 아니라, 검사 연월일과 자신의 이름

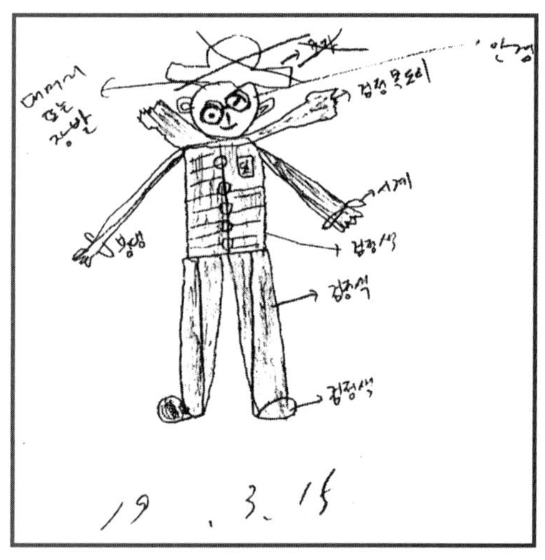

〈남자 그림〉

이나 사인을 자발적으로 기재하였다는 점이 눈에 띈다. 그리고 그림 주인공의 기분 상태를 "아주 좋고 날아갈 것 같다"고 묘사하거나(남자 그림), "90%는 좋다"고 반응하고 있다(여자 그림). 이에 더해 여자 그림에서는 귀걸이와 목도리, 체중계를 추가로 그려넣었으며, 체중계 위에 올라가 있는 여자 주인공의 표정을 매우 밝게 표현하고 있다. 이러한 반응들에서 현재

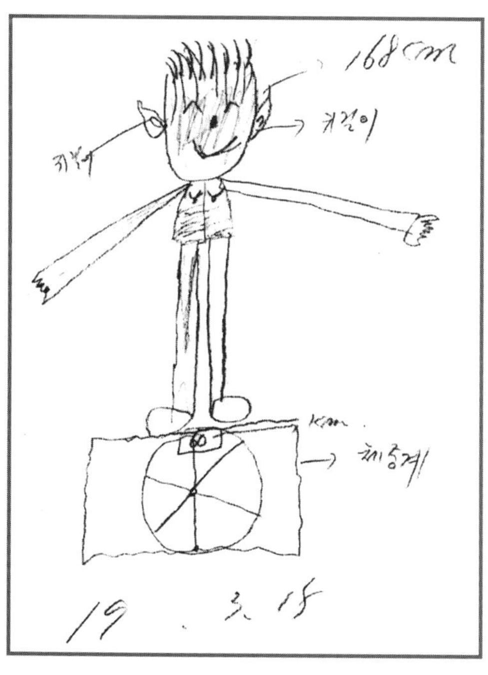

〈여자 그림〉

환자의 기분이 매우 고양되어 있고, 행복해하고, 자기상이 팽창되어 있고, 장난기가 넘치며, 활동력이 상당히 증가되어 있음을 짐작할 수 있다. 뿐만 아니라 검사자의 질문에 대해 머릿속에 떠오르는 대로 즉흥적으로 반응하고, 질문의 핵심이나 맥락에서 벗어나 제멋대로 대답하며, 불필요한 말을 계속 덧붙이는 양상을 보였다. ◆

4. 양극성 장애의 임상적 특징

양극성 장애의 임상적 특징을 좀 더 알아보기 위해 이 장애가 얼마나 흔한지, 언제 처음 발병하는지 그리고 어떤 경과와 예후를 보이는지 살펴보도록 하자.[1]

1) 유병률 및 발병 시기

제I형 양극성 장애의 평생유병률은 전체 인구의 약 0.6~1%로 추정되고 있다. 백 명 가운데 한 명꼴로 평생에 한 번 제I형 양극성 장애가 발병할 가능성이 있다는 의미다. 이 비율은

---

1 이 부분은 DSM-5(APA, 2013), DSM-IV-TR(APA, 2000)의 내용을 기본적으로 따르되, 부가적으로 국내외의 양극성 장애 교재인 권석만(2013), 대한우울 · 조울병학회(2014), Goodwin과 Jamison (2007)을 참고하여 정리하였다.

정신분열증과 거의 비슷하다. 제I형 양극성 장애 유병률의 남녀 성비는 약 1:1로 거의 동일하며, 남성에게는 첫 번째 기분삽화가 조증인 경우가 많은 반면, 여성은 주요우울증인 경우가 많다. 통상 첫 발병 연령은 18~30세 사이이다. 첫 번째 조증삽화가 나타나는 평균 연령은 20대 초반이지만, 드물게는 아동 청소년기나 노인기에 처음으로 발병하기도 한다.

제II형 양극성 장애는 평생유병률이 약 0.5%로 보고되어 있으며, 연구마다 다르긴 하지만 제I형의 양극성 장애와는 달리 남성보다는 여성에게서 더 흔한 것으로 보인다. 이런 유형의 양극성 장애를 가진 여성들은 출산 후 발병 위험이 높다. 제II형 양극성 장애의 평균 발병 연령은 20대 중반이며, 제I형 양극성 장애보다는 늦지만 주요우울장애보다는 빨리 발병한다.

순환감정 장애의 평생유병률은 0.4~1.0%로 보고되어 있으며, 기분장애 클리닉을 방문한 환자들의 경우 유병률이 3~5%라는 보고도 있다. 이 장애는 보통 청소년기나 초기 성인기에 점진적으로 발병하며, 때로 다른 기분장애특히 양극성 장애의 발병에 취약한 기질을 반영하는 것으로 간주된다. 즉, 이 장애가 있는 사람은 다른 기분장애에 걸릴 가능성도 기질적으로 높다는 말이다.

2) 경과 및 예후

양극성 장애는 대체로 만성적이며, 재발을 되풀이하는 정신장애로 알려져 있다. 제I형 양극성 장애에서 한 번 조증 삽화를 경험한 90% 이상이 또 다른 기분삽화를 경험한다. 약 60%의 경우 조증 삽화 직후에 주요우울증 삽화가 뒤따르게 된다.

제II형 양극성 장애는 보통 우울증 삽화로 시작하여 첫 진단이 우울증인 경우가 많으며, 첫 번째 경조증 삽화를 경험하여 제II형 양극성 장애로 확진되기까지 여러 차례 우울증 삽화를 겪기도 한다. 제II형 양극성 장애에서는 제I형 양극성 장애보다 전체 경과에서 경험하는 기분삽화의 개수가 더 많고, 우울증 삽화가 차지하는 비중이 크기 때문에 이로 인한 기능 장해를 지속적으로 경험한다. 이러한 연유로 제II형 양극성 장애가 덜 심각한 유형의 양극성 장애라는 종전의 생각이 최근에는 점차 변화하게 되었다.

양극성 장애의 경과에는 주기성이 있으며, 대부분의 양극성 장애 환자는 기분삽화가 아닌 기간에는 정상기능 수준을 회복한다. 제I형 또는 제II형 양극성 장애가 있는 사람은 몇 주, 몇 달, 심지어 몇 년간 정상적인 생활을 하기도 한다. 일례로 어떤 제I형 양극성 장애 환자는 조증 삽화로 보호병동에 여

1. 조증 → 무증상기 → 우울증

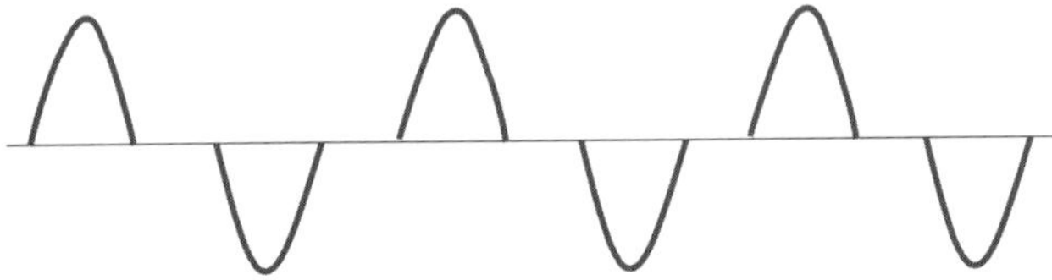

2. 우울증 삽화에 연이은 조증 삽화

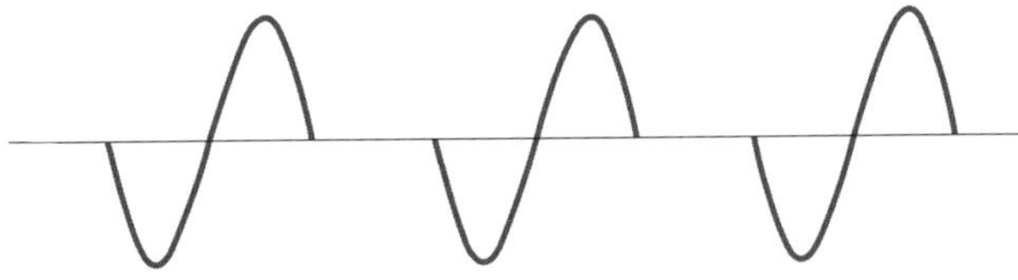

3. 상호 독립적인 조증 및 우울증 삽화

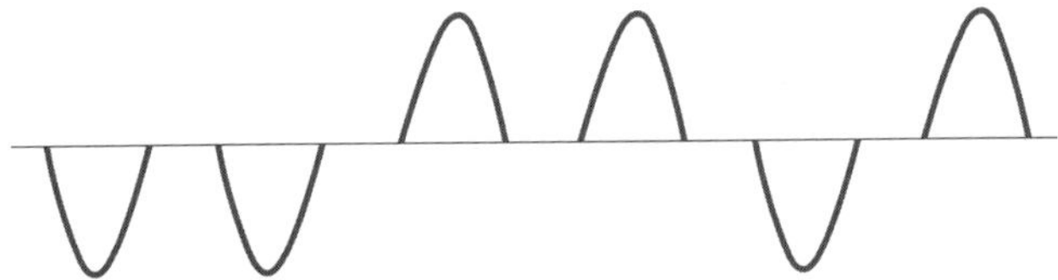

4. 급속 순환성 (1년에 최소한 4번의 기분삽화)

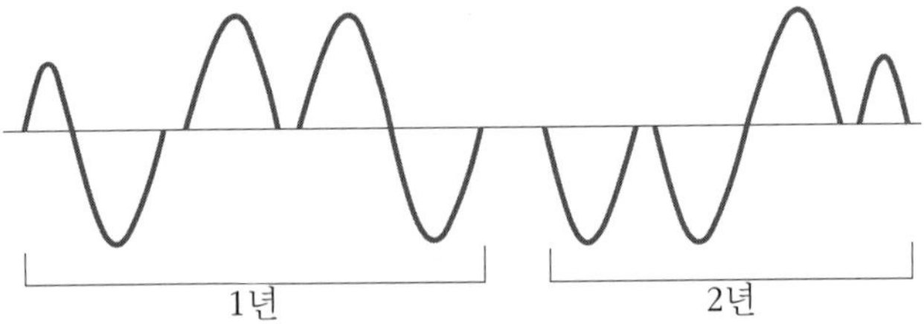

〈제 I형 양극성 장애의 다양한 경과〉

(Basco & Rush, 1996을 일부 바꿈)

러 차례 입원하였지만, 증상이 없는 시기에는 약물을 복용하면서 학교를 다니거나 취미 및 사교 활동을 거의 예전처럼 하는 정상 기간을 몇 년씩 가지기도 하였다. 제시된 그림은 같은 제I형 양극성 장애로 진단받았다고 하더라도 환자에 따라서 아주 다양한 경과를 밟을 수 있음을 보여준다.

그림에서 보듯이 조증 삽화 다음에 무증상기가 얼마간 계속된 뒤에는 비교적 예측 가능하게 우울증 삽화가 뒤따르는 경우가 있는가 하면, 이와 반대로 우울증 삽화 다음에 얼마간 무증상기가 뒤따르다가 그 뒤에 조증 삽화가 규칙적으로 나타나는 경우도 있다. 어떤 사람에게는 조증 삽화와 우울증 삽화가 앞뒤로 연이어 나타나기도 하며, 2~3번의 조증 삽화 다음에 1~2번의 우울증 삽화를 경험하는 사람도 있다. 그리고 조증과 우울증 삽화가 서로 독립적으로 나타나기도 하며, 조증 삽화에서 정상 상태로 돌아갔다가 다시 조증 삽화를 나타내는 반복적인 조증 삽화도 있다. 드물게는 조증과 우울증이 혼재되어 나타나는 경우도 있다.

일상생활 기능의 회복은 증상 회복보다 시간적으로 조금 더 후에 이루어지는 경향이 있다. 양극성 장애 환자들이 기분 삽화가 없는 관해remission 기간 동안에는 기능 수준을 회복한다는 것이 전통적인 견해이지만, 최근에는 약 20~30%에서 일부 일상생활 기능특히 직업 영역의 장해가 지속되기도 한다는 보고가 있다. 또한 관해 기간에 진단 역치에는 미치지 못할지라도 여전히 경미한 정도의 기분 증상이나 인지기능 저하가 지속되어 직업 등 일상생활로 돌아가는 데 어려움을 겪기도 한다.

계절성 양상

기분삽화가 해마다 계절과 밀접한 관련을 보이기도 한다. 위도 상 북쪽에 위치한 나라에 사는 사람 중 이처럼 계절적 패턴을 보이는 대다수의 환자에게서는 일조량 및 일주기의 변화로 인해 우울증 삽화가 일관되게 일조량이 줄어드는 가을이나 겨울에 발병했다가 이듬해 봄에 사라진다. 이러한 계절적 패턴은 통상 해마다 재발하기 때문에 매년 가을이 되면 주요우울증 삽화가 나타나는 특징이 있다. 아주 드물기는 하지만 여름마다 우울증이 재발하는 경우도 있다. 반대로 (경)조증은 일조량이 늘어나는 봄이나 여름에 흔하게 발생한다.

급속 순환성 양상

또 다른 양상으로 급속 순환성rapid cycling이 있다. 이러한 양상은 제I형 또는 제II형의 양극성 장애를 가진 사람 중 약 5~15%에게서 나타난다. 급속 순환성이라는 세부 진단은 1년 동안 4번 이상의 기분삽화주요우울증, 조증 또는 경조증를 경험할 경우에 붙여지는데, 이런 양상은 일반적으로 발병 연령이 어릴수록, 남성보다는 여성에게서 나타날 가능성이 더 높으며, 다른 유형에 비해 예후가 나쁜 것으로 알려져 있다.

제I형 또는 제II형 양극성 장애를 가진 여성은 산후 기간인 출산 후 약 1개월 내지 6개월 동안 주요우울증, 조증 삽화가 발생할 위험이 더욱 높아지며, 그중 10%는 이와 같이 산후에 유발된 삽화를 경험한다. 이렇게 자녀 출산 후 정신증적인 산후우울증 또는 조증 삽화를 경험한 여성은 다음 출산 시에도 이러한 패턴을 반복할 위험이 절반을 넘는다.

3) 자살 위험성

양극성 장애 환자들의 자살 위험성은 일반 인구에 비하여 약 15배 높다. 과거에 자살시도 전력이 있거나 최근 혼재성 조증 혹은 우울한 시기를 경험했을 때 자살 위험성이 특히 높아진다. 자살 시도 비율은 제I형과 제II형 양극성 장애에서 유사하지만, 자살 성공은 제II형 양극성 장애에서 더 높다. 양극성 장애 환자의 경우 자살 위험성에 대한 면밀한 주의가 필요하다.

4) 다른 장애와의 공병

양극성 장애는 다른 장애와 함께 공존하여 발병하는 공병 comorbidity이 흔하다. 제I형 양극성 장애 환자들은 불안장애, 주의력결핍 및 과잉행동장애, 충동조절장애 및 물질남용장애 예: 알코올사용장애를 동시에 가지고 있는 경우를 자주 볼 수 있다. 제II형 양극성 장애도 불안장애, 섭식장애, 물질남용장애 등과 함께 나타나는 경향이 있다. ◆

5. 양극성 장애와 다른 장애의 구별

양극성 장애에 해당되는 다양한 증상과 징후들은 다른 장애에서도 일부 나타날 수 있다. 여기서는 양극성 장애와 흔히 혼동하기 쉬운 기질성 기분장애, 주요우울장애, 정신분열증, 분열정동장애, 그리고 경계선 성격장애 등의 주요 특징을 살펴보고, 양극성 장애와 구별되는 점에 대해 알아보자.

1) 신체질환 또는 물질로 인한 기분장애

우울증이나 조증 증상들은 신체질환으로 인해 직접 초래되거나 마약 등의 물질을 사용함으로써 나타나기도 한다. 과거 이런 경우를 기질적 기분장애organic mood disorder로 통칭하기도 하였으며, 양극성 장애와는 따로 구분한다.

기분장애 증상을 직접 초래할 가능성이 있는 신체질환에는 다발성 경화증, 뇌졸중, 갑상선 기능저하증 등 신경과적 또는 내과적 질환이 있다. 이러한 의학적 상태의 직접적인 결과로서 기분 증상이 발생한 경우에 DSM-5(APA, 2013)에서는 '다른 의학적 상태로 인한 양극성 및 관련 장애bipolar and related disorder due to another medical condition'로 분류한다.

양극성 장애 환자들은 때에 따라덜 흔하게는 만성적으로 술을 과도하게 마시고, 흥분제펜사이클리딘 등의 환각제, 암페타민 등의 정신자극제, 코카인 등 또는 그 밖의 물질들을 남용하기도 한다. 물질남용을 하고 있거나 과거에 그런 적이 있다고 해서 이런 사람들의 증상을 양극성 장애가 아니라는 식으로 단순하게 판단해서는 안 된다. 그러나 조증 증상들이 술이나 약물을 사용했을 때에만 나타난다면 '물질/약물 유도성 양극성 및 관련 장애substance/medication-induced bipolar and related disorder'로 진단해야 한다.

한편, 조증 삽화에서 보이는 것과 같은 증상들이 항우울 치료예: 약물치료, 전기충격요법, 광선요법에 의해 유발되는 경우가 있다. DSM-5(APA, 2013)부터는 비록 증상이 항우울 치료에 의해 유발되었더라도 그 심각도가 통상적인 것 이상으로 지속되는 완전한 조증 삽화일 경우 양극성 장애로 진단할 수 있다.

2) 주요우울장애

이 장애는 주요우울증 삽화를 한 번 또는 그 이상 보이면서 과거에 조증 또는 경조증 삽화를 보인 적이 없는 것을 주된 특징으로 한다. 현재 나타내는 우울 증상만으로는 양극성 장애와 주요우울장애를 변별하지 못한다. 따라서 주요우울장애를 양극성 장애와 정확하게 구별하기 위해서는 현재 보이는 임상 양상 외에도 과거 병력을 주도면밀하게 조사함으로써 조증 또는 경조증을 이전에 경험한 적이 없음을 분명하게 밝혀야 한다.

3) 정신분열증[2]

정신분열증schizophrenia은 정신증으로 알려진 정신장애 중 가장 심각한 장애로 사고, 지각, 정서, 행동, 의지, 사회활동 등 다양한 정신기능이 심각하게 손상되고 이로 인해 사회적 및 직업적 기능에서 현저한 장애를 보인다. 정신분열증에서

---

2 최근 장애에 대한 낙인과 편견을 줄이기 위하여 정신분열증을 조현병(調絃病)이라는 용어로 대체하여 부르자는 주장이 있다. 그러나 이 책에서는 Bleuler의 전통에 따라 종전과 같이 정신분열증으로 지칭하였다.

흔히 나타나는 과대망상, 기이하고 충동적인 행동, 환각 및 감정폭발 등은 일시적으로 정신증적인 양상을 동반한 조증 삽화에서도 보일 수 있다. 이러한 임상 양상으로 인해 양극성 장애를 기분 증상을 동반한 정신분열증과 혼동하기도 한다. 그러나 몇 가지 임상적 지침이 이 2가지 정신장애를 감별 진단하는데 도움이 될 수 있다.

첫째, 정신분열증 환자들은 자신만의 내적인 생각과 공상에 사로잡혀있는 반면에, 양극성 장애의 조증 환자는 보통 다른 사람들이 그냥 지나치는 외부 자극에 쉽게 주의가 산만해진다. 둘째, 매우 들뜬 기분과 기분의 전염성은 정신분열증보다는 조증에서 더욱 흔히 볼 수 있다. 행동이나 사고가 기분과 일치하는 양극성 장애와는 달리 정신분열증은 행동이나 사고가 정서와 일치하지 않는 특징이 있다. 또한 정신분열증 환자들은 정서표현에 장애가 있기 때문에 그들의 정서반응이 다른 사람들에게 전달되지 못하며, 사람들과 잘 어울리지 못하고 대부분의 시간을 혼자 떨어져 지낸다.

셋째, 정신분열증은 개인의 발전에 전적으로 부정적인 것으로 간주되는데 반해, 양극성 장애는 오히려 개인의 창의성을 자극하는 어떤 것으로 여겨지며, 특히 경조증 삽화에서는 사업이나 지적 활동에서 생산성이 증가하고 훌륭한 아이디어가 떠오르며 뛰어난 성취를 보이기도 한다. 넷째, 정신분열증은 일반적으로 증상의 악화와 완화를 반복하면서 점점 기능을 상실해가는 경과를 밟는다. 이와 달리 양극성 장애는 대부분 처방된 약물을 꾸준히 복용하고 심리사회적 측면에서 적절한 관리를 한다면 정상적인 기능 수준으로 완전히 회복될 수 있다.

다섯째, 조증은 흔히 갑작스럽게 발병할 뿐 아니라 발병 이전의 행동과 현격한 차이를 보인다. 반면에 정신분열증은 급격히 발생하는 것처럼 보이는 경우가 적지 않지만 이 경우에도 자세히 조사해보면 상당한 기간 동안 전구기를 거치면서 성격의 통합 기능이 점진적으로 와해되고 있음을 알 수 있다. 여섯째, 제I형 양극성 장애 환자 중 절반가량이 가족 중에 기분장애의 병력을 가지고 있다는 점이 정신분열증과의 감별 진단에 도움을 줄 수 있다.

4) 분열정동장애

어떤 환자는 정신분열증의 주요 증상과 기분장애의 주요우울증이나 조증 삽화의 증상을 동시에 보이기도 한다. 이런 경우에는 정신분열증, 기분장애 또는 제3의 장애의 가능성이 있기 때문에 특정한 진단으로 결론을 내리기가 여간 힘든 것이 아니다. 만약 이들의 증상이 정신분열증과 주요우울증 또는 조증 삽화의 진단기준을 동시에 충족시킨다면 일단 분열정동

장애schizoaffective disorder일 가능성을 고려해보아야 한다.

물론 이 장애로 확실하게 진단하기 위해서 환자는 현저한 기분장애의 증상이 없는 상태에서 적어도 2주 이상 망상이나 환각을 가지고 있어야 할 뿐 아니라, 기분장애 증상이 정신증적 기간 중 상당 기간 존재하여야 한다. 특히 이 2가지 중 전자는 양극성 장애와 뚜렷하게 구별되는 임상 양상이라 할 수 있다.

5) 경계선 성격장애

경계선 성격장애borderline personality disorder는 대인관계, 자기상 및 정서에서의 불안정성, 심한 충동성이 광범위하게 나타난다는 특징이 있다. 이런 성격장애를 가진 환자가 보이는 기분의 현저한 변동과 충동성, 분노 조절의 어려움 등은 양극성 장애의 조증 삽화와 쉽게 구별하기 힘들다. 또한 경계선 성격장애에서 나타나는 만성적인 공허감과 반복적인 자살행동 등은 양극성 장애의 우울증 삽화에서 보이는 임상 양상과 비슷해 보인다. 그리고 순환감정 장애의 우울증부터 경조증 삽화에서 보이는 자극과민성, 불안감 또는 우울감에 이르는 기분의 변동이 경계선 성격장애에서도 비슷하게 나타난다. 그렇지만 수면 욕구의 감소나 사고의 비약 등은 경계선 성격장애에서는 드물다.

실제로 이러한 B군 성격장애와 양극성 장애의 진단을 함께 내려야 하는 경우도 있다. 횡단적으로 관찰되는 임상 양상은 양극성 장애의 기분삽화와 경계선 성격장애가 비슷해 보일 수 있다. 그러나 경계선 성격장애는 지속되는 성격적 문제다. 따라서 그러한 임상 양상이 성인기 초기부터 일찍이 시작되어 기분삽화가 두드러지지 않는 기간에도 지속된다는 증거가 확보되지 않는 한 경계선 성격장애라는 추가적인 진단을 하지 않는다. ◆

6. 양극성 장애와 창의성

"양극성 장애가 있는 사람이 일반 인구에 비해 창의성이 높은가?"라는 질문을 받을 때가 있다. 대답은 "그렇다"다. 창의적인 사람 중에는 양극성 장애를 가진 사람의 비율이 더 높다고 한다. 예술가, 소설가, 극작가, 시인, 정치 지도자 및 종교 지도자 중에 양극성 장애를 가졌던 사람이 적잖게 발견된다는 사실은 그러한 주장을 뒷받침해준다(Goodwin & Jamison, 2007). 또한 예술가가 아닌 양극성 장애 환자나 위험군에서도 창의적 성향이 두드러진다는 다수의 연구 결과가 그러한 주장에 근거를 제공한다(Johnson et al., 2012).

1) 양극성 장애를 경험한 예술가들

양극성 장애의 밝은 면으로 가장 많이 조명받아온 것이 바로 창의성이다. 미국 존스홉킨스 대학교의 정신과 교수이자 제Ⅰ형 양극성 장애 환자인 임상심리학자 제이미슨Jamison이 양극성 장애를 겪었던 유명한 예술가들에 대한 자서전적 연구를 활발히 하면서 이 주제는 많은 학문적 그리고 대중적 관심을 받아왔다(Goodwin & Jamison, 2007). 예를 들면, 화가인 고흐, 고갱, 뭉크, 폴락, 로스코, 음악가인 차이코프스키, 헨델, 슈만, 시인 에드거 앨런 포, 테니슨, 쉘리, 바이런, 작가인 헤밍웨이, 울프, 디킨스 등이 양극성 장애를 경험했거나 경험했던 것으로 추정된다. 이 중에서 헨델은 조증의 최절정 기간 동안 24일만에 몰두하여 메시아를 작곡해낸 것으로 알려져 있다. 또한 슈만도 작곡 성과가 (경)조증 기간에 급증하는 패턴을 보였다.

양극성 장애와 예술적 창의성의 관계를 한번 곰곰이 생각해보자. 통념상 조증이 예술적 창조의 강력한 원천이 된다는 인식이 있어왔다. 필자가 만난 양극성 장애 환자 중 어느 화가는 작업을 할 때 생생한 감정이 무뎌질까봐 약을 복용하는 것을 꺼리기도 하였다. 또는 경조증 시기에 평소와는 질적으로 다른 엄청난 작품이 탄생한다며 오히려 경조증이 찾아오기를 기다리는 작곡가도 있었다. (경)조증 상태에서는 기분이 고양되고, 에너지가 증가하며, 사고가 빨라지고, 얼핏 봐서는 서로 무관한 생각들을 연결시키는 뛰어난 능력을 나타내는 식으로 창의성이 발휘되는 것으로 보인다. 즉, (경)조증의 증상 중

버지니아 울프와 양극성 장애

버지니아 울프는 20세기의 가장 유능한 산문작가 중 한 명으로 꼽힌다. 그녀는 1915년에 『항해The voyage out』를 발표했으며, 그 후 30년 동안 다수의 비평, 수필 및 소설을 썼고, 15권이 넘는 책을 펴냈다. 그중에서도 여성운동의 초기 지도자로서 그녀의 위치를 확보하게 했던 것은 『자기만의 방A room of one's own』이다. 이 책의 다음 구절은 자기 삶의 극단적인 면을 드러내고 있다. "이 세상의 아름다움은 … 마음을 산산이 조각내는 2가지 양면성에 있다. 하나는 즐거움이요, 다른 하나는 불타는 분노다." 그녀는 인간이 가질 수 있는 모든 감정에 대한 타오르는 듯한 표현으로 사람들로부터 찬사를 받았다.

버지니아 울프는 아동기 후반에 어머니의 사망과 아버지의 우울증이라는 스트레스 사건을 겪던 무렵부터 주위 사람들이 미쳐가고 있다고 말할 정도로 양극성 장애에 시달렸으며, 이후 언니의 사망과 아버지의 사망을 경험하면서 재발을 거듭하였다. 이 장애와 연관된 감정의 기복은 그녀에게 창작에 대한 열정을 심어주기도 했지만, 궁극적으로는 그녀를 자살이라는 파멸로 몰아넣었다.

출처: 김영애 역(1997).

에서 고양된 기분과 에너지, 증가된 유창성과 감소된 수면 욕구는 창의성에 도움이 되는 것으로 알려져 있다.

2) 양극성 장애는 왜 창의성과 관련되는가

물론 양극성 장애를 갖고 있으면서도 특별히 창의성을 발휘하지 못하는 사람이 있는가 하면, 그러한 장애가 없으면서도 탁월한 창의성을 발휘하는 사람도 많다. 그렇지만 양극성 장애는 개인이 창의성을 발휘하는 데 일정한 역할을 하는 것으로 간주된다.

예술가가 아닌 일반인을 대상으로 한 연구에서도 양극성 장애 환자 그리고 위험군아직 발병한 것은 아니지만 양극성 장애의 소인을 가진 사람들에 속한 사람들의 창의성이 높은 것으로 나타났다(Johnson et al., 2012). 이들은 단순한 자극에 비해 복잡한 자극을 선호하고, 창의적인 직업을 선택할 가능성이 높다고 한다. 일반적으로 창의적 과정에서의 이점은 장애 자체보다는 장애의 취약성과 관련되어 있을 가능성이 있다. 즉, 경미한 정도의 조증 취약성이나 경조증은 창의성을 증가시키지만, 심각한 조증 삽화 기간에는 창의적 성취가 오히려 제한될 수 있다.

그렇다면 왜 양극성 장애에서 창의성이 증진되는가 하는 의문이 생길 수 있다. 연구들에 따르면 양극성 장애와 관련된 성격적 그리고 정서적 특징이 연결고리가 되는 것으로 보인다. 경험에 대한 개방성, 높은 야망과 목표 추구에 대한 강한 동기, 긍정 정서, 확산적 사고 경향 등은 양극성 장애와 창의성의 관계를 매개하는 요인들로 제안된다. 이러한 특징이 한편으로 이들을 양극성 장애의 발병에 취약하게 하지만, 다른 한편으로는 창의성에 기여하는 양면성을 지니는 것으로 여겨진다. ◆

2

양극성 장애는 왜 생기는가

1. 생물학적 입장
2. 심리학적 입장
3. 환경적 요인

최근까지 양극성 장애는 주로 유전성이 강한 생물학적 장애로 간주되어 왔다. 그러나 수십 년간의 연구에 따르면 양극성 장애에는 분명히 유전성이 있지만, 심리사회적 요인도 언제 어떻게 증상이 나타나고 악화 및 호전될 것인지에 영향을 미치는 것으로 밝혀졌다. 결론적으로 개인의 생물학적 또는 심리적 취약성과 환경적 자극이 모두 관련되어 있으며 서로 복잡하게 상호작용하여 양극성 장애의 발병이나 유지에 영향을 준다고 보는 생물심리사회적biopsychosocial 입장이 현재로서는 가장 설득력 있는 정설이다(Alloy et al., 2005; Johnson, 2005a).

1. 생물학적 입장

생물학적 요인은 양극성 장애의 발병과 유지 과정에 강력한 영향을 미치는 소인이 된다. 그러면 양극성 장애의 발병과 유지 과정에 작용하는 생물학적 요인은 구체적으로 무엇인지 하나씩 살펴보도록 하자.

1) 유전적 요인

양극성 장애는 유전된다. 양극성 장애로 진단받은 환자의 대다수는 가족 중에 동일한 장애 또는 주요우울장애를 앓았던 사람이 있다고 보고되는데, 이러한 사실은 양극성 장애의 가족력을 시사해준다. 그러나 가계 연구는 가족끼리 공유하는 환경에 의한 유사성이 있기 때문에 유전성을 직접적으로 증명할 수 없다는 한계가 있다.

유전 연구

어떤 장애의 유전성을 입증할 수 있는 가장 강력한 방법은 쌍둥이 및 입양 연구다. 쌍둥이 연구에서는 이란성 쌍둥이유전적으로 50% 동일보다 일란성 쌍둥이유전적으로 100% 동일에서 유병률이 높으면 그것을 유전적 기여에 의한 것으로 해석할 수 있다. 입양 연구에서는 입양아가 유전적 상속은 생물학적 부모로부터, 환경적 경험은 양부모에게서 받기 때문에 유전과 환경의 기여도를 비교할 수 있다.

실제로 쌍둥이 및 입양 연구의 결과들을 살펴보면 양극성 장애, 특히 제I형 양극성 장애의 발병에는 유전적 요인이 중요하게 작용하는 것으로 보인다. 한 저명한 연구 조사에서 일란성 쌍둥이 중 한 명이 제I형 양극성 장애일 경우 다른 쌍둥이도 제I형 양극성 장애일 가능성인 일치도concordance rate가 80%였으며, 이란성 쌍둥이의 일치도는 13%였다(Bertelsen, Harvald, & Hauge, 1977). 또한 입양 연구 결과 양극성 장애 환자의 부모가 동일한 장애를 나타내는 비율이 양부모가 12%인 것에 비하여 생물학적 친부모는 31%로 더 높게 나타났다(Mendlewicz & Rainer, 1977). 다만 일반적인 유전 연구 결과들과 마찬가지로 일란성 쌍생아의 일치도가 100%가 아니라는 점은 양극성 장애가 유전적으로만 결정되는 것이 아님을 시사한다.

양극성 장애와 임신

통계에 의하면 부모 중 한 사람이 양극성 장애를 가진다고 해도 그 자녀 중 대부분4명 중 3명은 어떤 종류의 기분장애도 갖지 않을 것이라고 한다. 이는 아이를 갖는 데 문제가 없다는 입장을 지지해주고 있다. 그렇지만 부모 둘 다 양극성 장애를 가질 경우 아이가 그 장애에 걸릴 확률은 거의 50%까지 상승한다. 이럴 경우에는 전문가의 의견을 충분히 고려한 다음 판단을 내리는 것이 좋다.

양극성 장애의 약물치료는 태아 기형과 연관이 있어, 양극성 장애가 있는 가임기 여성은 임신을 계획할 때 치료진과 미리 상의해야 한다. 태아에게 미칠 영향을 우려하여 임신 중 약물을 자가중단하는 비율이 매우 높은데, 이럴 경우 기분삽화가 재발하여 오히려 태아와 산모의 건강에 해로운 영향을 미칠 가능성이 있다. 약물 중단 후 임신을 하는 것 또는 저용량의 유지치료를 하면서 임신을 하는 것의 선택지 중 각각이 태아나 산모에게 미치는 이점과 위험성을 치료진과 미리 따져보고, 환자와 배우자가 함께 결정해야 할 필요가 있다(대한우울 · 조울병학회, 2014).

이에 더해 부모 모두 양극성 장애일 경우 자녀의 발병 가능성이 특히 높다는 점을 고려한다면, 양극성 장애를 가지고 있으면서 결혼을 하고 싶어 하는 당사자는 주요우울장애나 양극성 장애로 고통받지 않는 배우자를 찾는 것이 하나의 방법일 수 있다. 물론 이 경우에는 결혼하기 전에 치료자와 함께 상의하고 도움을 구하여 자신의 배우자가 될 사람에게 자신의 일반적인 신체적 및 정신적 건강에 대해 정확하게 알리는 것이 바람직하다.

2) 신경생물학적 기반

기분장애의 신경생물학적 원인으로 다른 어떤 입장보다도 카테콜아민catecholamine 가설이 오랫동안 설득력을 얻고 있다(Schildkraut, 1965). 만약 기분장애가 유전적 소인을 갖는다면 무엇이 유전되는가 하는 문제가 제기될 수 있는데, 이 문제에 대한 답으로는 신경화학적 기제가 유전된다는 주장이 지배적이다(권석만, 2013). 신경전달물질 중 노르에피네프린norepinephrine, 세로토닌serotonin, 도파민dopamine 등 카테콜아민이 기분장애에 가장 중요한 역할을 하는 것으로 알려져 있다. 우리 몸의 신경계 내에 있는 이러한 신경전달물질의 수준이나 활성도가 양극성 장애와 연관되어 있으며, 노르에피네프린과 세로토닌의 결핍 그리고 도파민의 활성도 감소는 우울증과 관련되는 반면, 노르에피네프린의 증가와 도파민 활성도의 증가는 조증과 관련된다고 한다.

또한 여러 가지 신경내분비 축의 조절 이상이 기분장애와 관련되어 있다는 보고도 있다. 우울증에서는 시상하부-뇌하수체-부신피질HPA 축의 기능 이상이 흔히 발견되며, 갑상선의 기능 이상도 기분장애와 관련이 있는 것으로 알려져 있다. 때로 갑상선 기능저하증은 우울증을 나타내는 반면, 갑상선 기능항진증은 이차적 조증을 일으킨다고 한다. 또한 갑상선 기능저하증과 급속 순환성의 양극성 장애가 관계가 있다는 연구도 있다. 따라서 이러한 신경내분비 축의 조절 이상이 신경전달물질의 기능 이상을 초래하는 것으로 볼 수도 있다.

더불어 수면장애는 양극성 장애와 같은 기분장애에서 공통적으로 나타나는 주요 신체 증상이다. 우울증에서는 불면이나 과다수면을 보이며 조증에서는 수면 욕구가 감소되는 특징이 있다. 수면-각성 주기의 조절은 시각교차위핵SCN에서 담당하는데, 이는 생체 시계와 같은 수면-각성 주기뿐만 아니라 체온, 호르몬 분비, 운동성과 같은 생리학적 조절에 관여하는 기전이다. 일주기 리듬과 양극성 장애의 관계는 동물 모델에서 확인되었고, 제I형 양극성 장애 환자에게서 수면주기가 지연되는 문제가 보고되어 있다. 또한 수면 박탈이 우울증에서 치료적 효과를 보이고, 양극성 장애 환자에게서는 조증을 유발한다는 사실도 일주기 리듬의 기전이 병리에 관련되어 있을 가능성을 시사한다. ◆

2. 심리학적 입장

1) 정신역동적 이론

정신역동적 이론은 지그문트 프로이트Sigmund Freud에 의해 하나의 학문 분야로 체계화된 정신분석에서 비롯된 것이다. 잘 알려져 있다시피, 정신분석은 인간의 비정상적이고 병리적인 정신기능뿐 아니라 정상적인 면도 다루고 있으며, 적용영역에 따라 성격 또는 정신병리에 관한 이론, 치료 및 연구방법이라는 3가지 측면으로 나뉠 수 있다.

정신분석의 기본 가설로는 심리적 결정론 또는 인과론과 무의식적 원인의 중요성 등 2가지를 들 수 있다. 심리적 결정론psychic determinism은 어떤 심리 현상이든 무의미하거나 우연히 일어나지 않으며 그 현상을 초래한 심리적 원인이 반드시 있다는 입장이다. 이를테면 무슨 일을 깜박 잊어버리거나 물건을 둔 곳을 기억하지 못하는 것, 말이나 글의 실수, 꿈, 배우자 선택, 직업 선택, 그리고 정신장애에 의한 증상 등 모두 우연히 일어나는 일이 아니고 나름대로 의미가 있다는 것이다. 그런데 어떤 생각이나 감정, 우연히 깜박 잊어버리는 것, 꿈, 실수, 병리적 증상 등은 우리 마음속에서 이전부터 계속 진행되어왔던 것과는 무관해 보이는 경우가 적지 않다. 그 이유에 대해서 정신분석 이론은 그런 현상들이 의식적 요인보다는 무의식적 정신 과정과 인과적으로 연관되어 있기 때문이라고 주장한다. 따라서 만약 무의식적 원인을 발견할 수 있다면 외관상 무관해 보이는 현상들이 사라지고 인과적인 연결이 분명해질 것이다. 이처럼 정신역동적 입장에서는 우리의 심리 현상을 이해하고 설명하는 데 있어 무의식적 원인의 중요성을 강조한다.

그밖에 발달 과정에 있어서 초기 어린 시절의 중요성을 들 수 있다. 프로이트는 억압되어 잊혀진 과거가 현재의 정신 상태를 형성하는 데 큰 역할을 한다고 하였다. 즉, 과거의 경험이나 발달 과정이 성격 형성과 정신장애의 원인론에서 중요한 역할을 한다는 것이다. 정신장애의 원인론 중에는 어린 시절의 정신적 외상psychic trauma, 부모 또는 형제와의 관계, 아이 자신의 정신내적 갈등 등이 있다.

(1) 우울증

내향화된 분노

프로이트는 우울증을 실제적이거나 상징적인 대상 상실에 대한 반응으로 보았다. 사랑하는 대상의 상실에 직면할 경우 그 대상에 대한 분노감과 질책이 자기 자신에게로 향하게 됨으로써 우울증이 생겨난다는 것이다.

우리가 살아가는 데 있어, 특히 초기 어린 시절에는 어머니로 대표되는 중요한 타인의 도움과 사랑이 필수적이다. 이런 어머니를 사랑의 대상으로 받아들이는 것은 지극히 당연하다. 어머니는 이처럼 사랑의 대상이지만, 아이가 자람에 따라 아이의 요구를 언제나 충족시켜주는 것은 아니다. 따라서 자신을 돌봐주는 어머니에게 사랑의 감정이 형성되지만 자신의 욕구가 좌절될 때는 미움의 감정이 생긴다. 이렇게 하여 어머니와 같은 중요한 대상에 대해 사랑과 미움이 교차하는 양가적인 태도가 형성되는 것이다.

이러한 양가적인 대상을 상실할 경우 무의식적으로는 자신이 그 대상에게서 거절당했다거나 그 사람을 자신이 없애버렸다고 상상하게 된다. 이에 따라 자신의 욕구가 좌절될 때 느끼는 미움에 대한 죄책감이나, 사랑하는 사람에게 자신이 올바르게 행동하지 못해서 그 사람을 잃어버리게 되었다고 생각하는 죄책감이 증폭된다. 뿐만 아니라 사랑의 대상이 자신을 버렸다는 생각이 기존의 미운 감정이나 분노감을 더욱 증가시킨다. 따라서 대상 상실을 경험한 사람은 그 대상에 대한 죄책감을 갖고 있는 것과 더불어 그 대상을 내면화하고 있기 때문에, 상실된 대상에 대한 분노감이 이미 없어진 대상에게로 향하지 못하고 자기 자신에게로 향함으로써 결국 스스로에게 대적하게 되고 실망하게 되어 우울증을 일으킨다고 본다.

생애 초기의 외상

우울증을 어린 시절의 상처와 연관시켜 설명하는 견해가 있다. 즉, 우울증을 일으킬 수 있는 취약성은 생애 초기에 겪은 어머니 혹은 아버지의 상실이나 상실의 위협, 또는 그들과의 이별 등 외상적인충격적인 경험에 의해 형성된다는 입장이다. 생애 초기에 우울증에 대한 취약성이 형성된 사람이 이후에 이혼이라든가 사별, 중요한 일의 실패, 또는 기대했던 일이 잘 안 되는 등의 상실이나 좌절을 경험하게 되면 어렸을 때의 외상적 경험이 되살아나고 어린 시절로 퇴행하게 된다. 이런 퇴행의 결과로 무기력감과 무망감 등 우울증에 사로잡히게 되는 것이다. 이러한 우울증은 어렸을 때의 외상적 사건에 대해서 전혀 무기력했던 지난날의 상흔의 반영이라고 볼 수 있다. 일반적으로 생애 초기의 상실 경험은 그 이후의 상실에 대하여 민감하게 만들고, 우울증에 더욱 취약하게 만든다는 것이다.

그렇지만 아동기에 부모를 상실한 모든 사람이 우울증에 걸리는 것은 아니다. 뿐만 아니라 중요한 타인의 상실이 우울증 환자에게만 중요한 생활사건은 아니라는 보고도 있다. 더 나아가 많은 연구가 상실에 대한 개인의 반응을 결정짓는 데에는 다른 여러 가지 변인이 작용한다고 보고한다.

자기존중감의 실추

우울증에 대한 전통적인 정신역동적 이론은 근래에 들어서 여러 가지로 수정되고 확장되고 있다. 비브링Bibring은 우울증을 자아 내의 이상과 현실 간의 갈등으로 인해 생기는 정서 상태라고 보았다. 우울해지기 쉬운 사람은 자기가 가치 있고 사랑받아야 하고, 강해야 하고 우월해야 하며, 선하고 사랑하는 사람이어야 한다는 자아 이상자기애적 열망을 지니게 되는데, 이런 이상과 현실 간에는 갈등이 불가피하다. 이런 이상이 현실적으로 충족될 수 없다는 것을 알게 되었을 때 무기력감과 절망감을 느끼게 된다. 결국 우울증이란 자기존중감이 부분적으로 또는 완전하게 실추되었음을 의미한다.

(2) 조 증

프로이트는 조증의 경우 우울증과 핵심 갈등은 동일하지만 에너지가 외부로 방출되는 것이라고 생각하였다. 이후에 여러 학자가 프로이트의 견해를 더욱 정교화해서 정신역동적인 입장에서 조증을 설명하였다.

상실된 대상을 되찾기 위한 시도

멜라니 클라인Melanie Klein은 조울증이란 아동기에 선한 내적 대상을 자기 마음속에 표상하는 데 실패했음을 반영하는 상태라고 보았다. 조증 환자들이 보이는 조증적 방어들, 즉 자신이 전능하다는 생각, 타인에 대한 어떤 공격성이나 파괴성도 부정하는 것, 실제 생활 상황과는 반대되는 지나친 행복감, 다른 사람을 이상화하는 태도, 상대방을 경멸하고 깔봄으로써 관계 형성의 욕구를 거부하게 만드는 행위 등은 상실된 사랑의 대상을 연모함으로써 생겨나는 고통스러운 감정에 대한 반응으로 간주된다. 이러한 방어들은 상실된 사랑의 대상을 구조하고 되찾기 위해서, 악한 내적 대상을 거부하기 위해서, 그리고 사랑의 대상에 대한 맹목적인 의존심을 부정하기 위해서 사용된다.

조증적 방어 자세의 본질적인 한 가지 측면으로, 종종 부모에게 승리를 거둠으로써 아동-부모 관계를 역전시키고자 하는 소원을 들 수 있다. 이러한 승리의 욕구는 그다음에 죄책감과 우울증을 초래한다. 성공 또는 승진 후에 빈번하게 발생하는 우울증은 부분적으로 그와 같은 기제 때문에 생긴다고 클라인은 주장한다.

조증의 방어적 기능은 불쾌감을 동반하는 조증, 다시 말해 혼재성 조증을 겪는 환자에게서 가장 분명하게 드러난다. 이 환자들의 경우 불안과 우울이 조증 삽화 사이를 뚫고 나타나기 때문에 조증적 부정이 다시 표현되고 만다. 게다가 그보다 훨씬 약화된 형태인 경조증적 방어는 전형적으로 우울감이나 애도의 위협에 대항하기 위해 사용된다. 어린 시절부터 자신을 헌신적으로 돌보았던 어머니가 사망했다는 사실을 알고 심한 충격을 받은 얼마 후부터 기분이 들뜨고 자신이 힘이 있으며 위대하다는 생각에 빠졌다는 한 환자의 사례는 이러한 정신역동적 입장을 잘 반영해준다.

고통스러운 현실에 대한 부정

정신분석학자 에이브러햄Abraham은 우울증을 겪은 적이 없는 조증 환자라 하더라도 아주 어린 시기에는 초보적인 수준의 우울증을 경험했을 것이라고 주장하였다. 초기의 우울증을 인내하는 방법을 배우지 못했거나, 부모 또는 부모의 사랑을 상실했던 사람은 자신의 발달적 비극의 현실을 부정하고 조증

반응을 보인다는 것이다. 또한 조증과 우울증은 동일한 갈등에 의해 지배되며 단지 그 갈등에 대한 환자의 태도가 다를 뿐으로, 우울증은 갈등에 압도당하는 상태인 반면, 조증은 갈등을 부정하고 무관심한 태도를 보이는 상태라고 하였다.

비브링은 우울증을 자기존중감의 부분적 또는 완전한 실추로 기술한 반면, 조증은 우울증을 보상하는 이차적인 반응 또는 개인의 자기애적 열망이 공상을 통해 성취되었음을 표현한 것이라고 생각하였다.

카메론Cameron은 그의 책에서 조증을 정신역동적 입장에서 보다 명쾌하게 설명하고 있다. 그의 견해를 현대적 용어로 바꾸어 소개하면, 조증은 당사자가 직면하기에는 너무나도 고통스러운 현실을 부정한 결과 나타나는 정신병리적 현상으로, 이때의 현실은 그러한 성격조직을 갖춘 사람이면 누구에게나 주요우울증을 유발시킬 수 있는 정도로 매우 고통스럽다. 그러한 의미에서 보면 조증은 주요우울증에 대한 방어로서, 현실 상황이 안고 있는 견디기 힘들 정도로 고통스러운 사실을 받아들이는 능력이 결여되어 있거나 또는 그런 사실을 수용하기를 거부하는 행위로 간주된다.

카메론은 조증과 주요우울증의 촉발요인은 다르지 않지만, 조증을 보이는 사람은 주로 부정이라는 방어기제를 광범위하게 사용하고, 과대망상 또는 과대사고를 통해 너무나도 고통스러운 실제 현실을 부정하며, 그것과 정반대되는 가상적 현실을 재구성한다고 주장한다.

2) 인지 이론

개인의 감정 및 행동 등의 심리적 반응은 환경적 자극 자체보다 그 자극에 대한 개인의 의미 부여나 해석 과정, 즉 인지cognition에 의해 주로 결정된다고 인지 이론은 주장한다. 기분장애의 발병, 유지 및 변화 과정에서 개인의 인지적 요인을 강조하는 이론 중 가장 널리 알려져 있고 많은 경험적 연구에 의해 지지를 받고 있는 것은 아론 벡Aaron Beck의 인지 이론이다.

(1) 벡의 인지 이론

벡은 원래 정신분석 수련을 받은 정신과 의사로서, 1956년경 우울증에 대한 정신역동적 개념을 타당화하려는 모험적인 연구를 시도하였으나 이러한 시도를 통해 오히려 우울증의 인지 이론 및 인지치료를 체계화하게 되었다.

우울증의 두드러진 특징

벡은 초기 연구의 기반이 되었던 우울증 환자들의 꿈 내용을 광범위하게 조사한 결과, 우울증 환자들이 분노와 관련된 생각보다는 패배, 실패, 좌절, 상실 등의 생각을 많이 하고 있다는 점에 주목하게 되었다. 또한 그의 연구와 임상경험을 바탕으로 우울증 환자들이 자기 자신이나 자신의 경험을 기술하는 과정에서 일관되게 부정적으로 해석한다는 점을 깨닫게 되었다. 다시 말해 우울증 환자들은 정보처리 과정에서 일관되게 부정적인 편향을 나타내었다는 것이다.

벡의 인지적 입장에서 우울증 환자들이 보이는 특징을 보다 자세히 살펴보면 크게 부정적인 자동적 사고, 인지적 오류 및 우울발생적 또는 역기능적 인지도식으로 나누어볼 수 있다. 우울증 환자들은 자기 자신, 자신의 미래 및 주변 환경에 대해서 부정적이고 비관적인 생각과 심상을 많이 가지고 있다. 이러한 사고는 생활 속의 사소한 자극에 의해 자동적으로, 반사적으로, 또 습관적으로 생성되는 경향이 있다. 이를 벡은 '부정적인 자동적 사고'라고 불렀다. 우울증에서 이러한 자동적 사고는 자기 자신, 자신의 미래 및 자신의 경험 또는 주변 환경을 부정적인 방식으로 보는 3가지 주된 인지적 패턴, 즉 인지삼제cognitive triad로 구성되어 있다.

이러한 부정적인 사고 내용은 스트레스성 생활사건이나 환경적 자극의 의미를 해석하는 정보처리 과정에서 체계적으로 잘못을 범함으로써 생겨난다. 이와 같이 정보처리 과정에서 범하는 체계적인 잘못을 벡의 인지 이론에서는 '인지적 오류'

라고 부른다. 이를테면, 우울증 환자들은 자신이 갖고 있는 장점이나 성공한 사실에 주목하지 못하는 대신 자신의 단점만을 보거나 과거에 실패했던 일만을 선택적으로 회상하는 경향이 있다.

우울증 환자들이 정보처리 과정에서 인지적 오류를 범하게 되는 밑바탕에는 우울발생적인 또는 역기능적인 인지도식을 갖고 있기 때문이다. 이러한 인지도식은 어린 시절의 경험에 의해 형성된다고 벡은 주장하고 있다. 이 개념은 우울한 사람이 그의 삶 속에 긍정적 요인이 객관적으로 존재함에도 불구하고 왜 고통유발적이고 자기패배적인 태도를 유지하게 되는가를 설명해준다.

모든 상황은 풍부하고 다양한 자극으로 구성되어 있다. 개인은 그것들 중에서 특정 자극에만 선택적으로 주의를 기울여서 이들을 특정한 패턴으로 조합하여 그 상황을 개념화하게 된다. 동일한 상황이라 하더라도 사람마다 제각기 다른 방식으로 개념화하겠지만, 한 특정 개인은 유사한 유형의 사건들에 대해서 일관된 반응을 보이는 경향이 있다.

인지도식이란 이처럼 비교적 안정적인 인지 패턴을 가리키는 말로서, 한 개인이 주변 자극을 받아들이고 자신의 경험을 조직화하는 인지적 틀을 의미한다. 쉽게 표현해서, 세상을 보는 안경이라고 할 수 있다. 우울증 환자들이 갖고 있는 인지도식은 그 내용상 현실적인 삶 속에서 실현되기 어려운 신념들로 이루어져 있으며, 애초 의도와는 달리 목표 달성을 촉진하기보다 방해하는 역할을 한다는 점에서 '역기능적'이라고 한다.

한 가지 예로 '나는 항상 강해야 한다'는 신념은 인간이 갖고 있는 불완전성과 한계를 무시하고 있으며, 지나치게 완벽주의적인 태도는 과제 수행을 억제하는 심한 불안감 등 부정적인 결과를 초래하기 쉽다.

자동적 사고는 구체적인 자극이나 사건에 대한 해석 내용인 반면, 역기능적 신념은 자기 자신, 타인, 그리고 세상 일반에 대한 일반적인 신념으로 간주된다. 인지 이론에서는 이러한 역기능적 신념이 우울증에 걸리기 쉬운 인지적 취약성을 반영한다고 보았다.

우울증의 소인과 촉발요인

벡의 인지 이론에서는 어린 시절의 초기 경험들이 자신, 미래 및 세계에 대한 부정적 또는 역기능적 인지도식을 형성하는 데 기초를 제공한다고 제안한다. 이러한 역기능적 인지도식은 잠재해 있다가 역기능적 도식을 형성하는 데 기여하였던 초기 경험과 유사한 특정 상황에 의해 활성화될 수 있다. 예컨대, IMF로 인한 가정생활의 파탄은 어린 시절 부모의 죽음과 연관하여 형성되었던 돌이킬 수 없는 상실의 개념을 활성화시킬 수 있다. 아니면 교통사고로 인해 신체적 및 인지적 기능의 이상을 경험함으로써 '나는 복도 지지리도 없어. 내 운명은 불운해'라는 잠재된 신념이 활성화되어 우울증이 촉발될 수도 있다. 인지도식의 특성상 그 개인이 특정 유형의 상황에 특별히 민감하지 않다면, 그것이 극단적으로 혐오스러운 상황이라고 하더라도 불쾌한 생활 상황이 필연적으로 우울증을 유발하는 것은 아니다.

보통 사람들은 충격적외상적 상황에 처해도 그 외 삶의 다른 측면에 대해 여전히 관심을 유지하며 이를 현실적으로 평가한다. 반면에 우울해지기 쉬운 사람들은 외상적 상황에 대한 반응으로 그 사고가 현저하게 위축되고, 부정적인 내용의 사고가 삶의 모든 측면을 지배하며, 그 결과 우울증을 보이게 된다. 요약하면, 우울증의 소인이란 우울발생적 인지도식 또는 역기능적 신념을 뜻하며, 촉발요인이란 그러한 도식을 활성화시키는 부정적인 생활사건이나 스트레스 자극을 말한다. 따라서 우울증에 대한 벡의 인지 이론은 스트레스-인지적 취약성 모델stress-cognitive vulnerability model에 기초한다고 할 수 있다.

인지 이론의 구성 요소 간의 관계

인지 이론은 기분장애, 더 나아가 정신병리를 개념화하는 데 있어 생활사건 또는 스트레스 자극, 역기능적 신념, 인지적 오류, 부정적인 자동적 사고, 기분장애 증상 등 5가지 요소를 강조하고 있다. 권석만 등(Kwon & Oei, 1992, 1994)은 그림과 같이 이 요소들 간의 인과적 관계를 가정한 통합적 인지 모델 integrated cognitive model을 제시하고, 이를 경험적으로 지지하는 결과를 얻은 바 있다. 즉, 역기능적 신념을 많이 지닌 사람은 부정적 생활사건이나 스트레스 자극에 직면하면서 인지적 오류를 범하며, 생활사건의 의미를 부정적으로 왜곡한 자동적 사고를 발생시킨다는 것이다. 이 과정을 거쳐 발생된 부정적인 자동적 사고는 정서 및 행동상의 심리적 문제를 야기하게 된다.

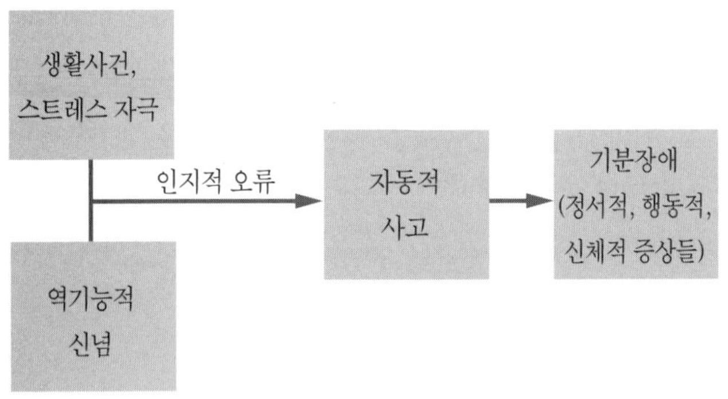

〈기분장애에 대한 통합적 인지 모델〉

그러나 그림에서처럼 반드시 일직선적인 방향으로 이러한 과정이 일어나는 것은 아니며, 요소 간의 상호작용이 있을 수 있다. 특히 정서적 문제에 의해 자동적 사고가 영향을 받을 수 있다. 우울할 때 실패한 기억이나 생각이 많이 떠오르는 것이 한 가지 예다. 기분장애가 유지되는 단계에서는 부정적인 감정과 역기능적인 인지 간의 상호작용이 일어나는 악순환에 빠질 수도 있다. 그림에서 제시한 이러한 틀은 심리적 장애가 발병하는 과정을 이해하고 설명하는 데에 보다 적절한 이론적 모형으로 보인다. 또한 인지치료적 관점에서 내담자의 문제와 인지적 요인 간의 관계를 체계적으로 이해하고 개념화하는 데 도움이 될 수 있다.

인지적 오류

우울한 사람은 자신에게 일어나는 생활사건이나 스트레스 자극을 평가하고 해석하는 과정에서 체계적인 잘못, 즉 인지적 오류를 보인다. 그중 흔히 보이는 인지적 오류는 다음과 같다.

흑백논리적 또는 이분법적 사고

이들은 어떤 사건이든 흑 아니면 백으로 보는 사고 경향이 강하다. 인간의 행동도 선 아니면 악이지 중간의 회색지대를 인정하지 않는다. 일에서도 완벽하지 않으면 모두 실패로 본다. 인간관계에서도 상대방이 나를 사랑하는가 혹은 미워하는가의 둘 중 하나로 보며, 부정적 경험을 한 번이라도 하면 그 관계는 전체적으로 부정적인 것이라고 결론 내리고 만다. 극단적으로 표현하면, 100점이 아닌 것은 모두 0점으로 생각하는 것이다. 이런 사고방식 때문에 우울한 사람들은 쉽게 좌절하고 절망할 수밖에 없게 된다.

임의적 추론 또는 제멋대로 결론 내리기

이들은 자신이 경험한 한두 번의 사건만 가지고 뚜렷한 증거도 없으면서 부정적인 결론을 잘 내리고 결과적으로 더욱 우울해진다. 상대방의 마음 읽기가 그 좋은 예다. 평소 일방적으로 연정을 품고 있던 회사 동료가 다른 사람과 화기애애하게 얘기를 하면서 자신에게는 인사조차 하지 않는 경험을 한 후 '저 사람은 나를 사람 취급조차 하지 않는구나' '분명히 둘이서 내 흉을 보고 있을 거야'라고 지레짐작하며 깊은 절망감에 빠지는 경우를 들 수 있다. 상대방의 마음이나 실제 상황은 전혀 알아볼 생각을 하지 않고 자기 멋대로 상대방의 마음을 읽고 상황을 판단해서 극단적으로 부정적인 결론을 내려버리는 것에서 이러한 인지적 오류를 볼 수 있다.

선택적 추상화

이는 어떤 상황이나 사실의 주된 내용은 무시한 채 특정한 일부의 정보에만 주의를 기울여 전체 의미를 해석하는 오류다. 예컨대, 선생님이 자신의 리포트에 관해 평하면서 잘한 점과 못한 점을 다 말했는데도 선택적 추상화의 성향을 가진 사람은 잘못되었다는 지적에만 선택적으로 집착함으로써 자기 리포트는 엉망이라는 식으로 단정지어버린다는 것이다.

과잉일반화

한두 번의 사건에 근거하여 일반적인 법칙이나 결론을 내리고, 무관한 상황에까지 그 결론을 광범위하게 적용하는 오류다. 한두 번의 실연 경험 후에 자신은 앞으로 '영영' '누구에게나' 실연당할 것이라고 결론짓는 것이 한 예다. 이처럼 우울한 사람들은 한 가지 결점이나 실패를 모든 일로, 그리고 언제든지 실패할 것이라고 확대시키는 경향이 흔히 있다.

과장과 축소

어떤 사건의 중요성이나 크기를 평가할 때 지나치게 과장하거나 축소하는 오류다. 특히 부정적 사건이나 자신의 약점은 극단적으로 과장하는 경향이 있는 반면, 긍정적 사건이나 자신의 장점에 대해서는 그 의미를 지나치게 축소하는 경향이 있다. 이렇게 함으로써 더욱 부정적 사고의 악순환을 형성한다. 필자가 상담했던 한 청년은 실연을 당한 후 우울증에 빠져 있었다. 그에게 있어 뛰어난 학업적 성취나 지적 능력은 별로 중요한 것이 못 되는 반면, 사랑의 실패는 인생과 학업을 포기할 정도로 너무나도 중요한 것으로 비치고 있었던 것이다.

개인화(자기와 관련짓기)

자신과 관련지을 뚜렷한 증거가 없음에도 불구하고 외부 사건을 자신과 관련된 것으로 해석하는 오류다. 이런 오류가 작용한 한 가지 예를 살펴보자. 한 내담자는 양가 집안의 의견 불일치로 오랫동안 사귀어왔던 애인과 마지못해 헤어지게 되었다. 그 후 이전 애인은 별로 마음에도 없던 다른 남자와 만났고, 사귄 지 얼마 되지 않아 혼전 임신을 하게 되었다. 이런 사실을 안 내담자는 다른 원인들은 아예 무시한 채 모든 책임이 자기에게 있다며 심한 죄책감에 빠지게 되었다.

그 밖에도 당위적 사고강박적 의무감, 감정적 추리 및 잘못된 이름 붙이기 등의 오류를 보일 수 있다.

(2) 조증 삽화 동안의 인지 변화

조증 또는 경조증 삽화 동안에 흔히 나타나는 인지적 변화에는 정보처리 방식의 변화, 견해 또는 태도의 변화, 사람 혹은 다른 자극에 대한 지각의 변화, 그리고 새로운 아이디어의 양적 및 질적 변화 등이 포함된다. 이러한 변화들은 조증 삽화가 임박했다는 점과 조증 삽화가 더 만발하는 것을 사전에 막기 위해서는 적극적인 조치를 취해야 한다는 점에 대한 신호를 환자 및 치료자에게 보낸다.

인지적 오류

인지 이론의 입장에서 볼 때, 조증 또는 경조증 삽화 동안에는 체계적인 긍정적 왜곡이 자동으로 발생하며, 환자 자신에게는 그것이 그럴듯해 보이고, 반론과 반대 증거에 의해서도 잘 변화되지 않는 특징이 있다.

과잉일반화

조증이나 경조증 삽화가 시작될 무렵에는 종종 새로운 아이디어와 계획을 풍부하게 내놓으며, 자신의 계획은 성공이 보장되어 있다는 식으로 확신에 차있다. 때로 그들의 아이디어 중 몇몇은 정말로 뛰어나고 성공 가능성이 엿보이기도 하며, 재능과 창의력 및 모험심이 뛰어난 사람이라면 그것으로 돈을 많이 벌 수도 있다. 이처럼 이러한 한두 번의 성공을 근거로 앞으로 자신이 벌이는 무슨 일이든 확실히 성공할 것이라는 믿음에는 '과잉일반화의 오류'가 내포되어 있다.

선택적 추상화 또는 과장과 축소

조증 환자는 자신의 행동이 가져올 수 있는 잠재적인 부정적 결과에 주목하거나 이를 타당하게 평가하지 못하며, 객관적으로 고려하지도 못한다. 따라서 이들은 자신이 내놓은 아이디어나 계획이 안고 있는 단점을 객관적으로 고려하지 않고 장점만 보려고 하는 오류를 범하게 된다. 더 나아가 그 계획의 장점을 과대평가하고 단점을 무시하거나 간과함으로써 무조건 밀어붙여서 일을 벌이려고 한다. 경조증 상태에 있는 사람들 역시 주어진 시간 안에 자신이 해낼 수 있는 일의 분량을 과대평가하는 반면, 그 일을 달성하는 데 걸리는 시간을 과소평가하는 경향을 흔히 보이곤 한다.

개인화(자기와 관련짓기)

과대적 사고와 관련하여 조증 환자는 창의력이나 대인관계에 있어서 자신에게 아주 특별한 능력이 있는 것으로 생각하며, 일상생활 가운데 벌어지는 어떤 일에 대해 자신의 특별한 능력 때문에 일어나는 것으로 해석하는 경향이 있다. 일례로, 자신이 정신과 병동에 입원한 이후로 다른 환자들이 잘 치료되어 빨리 퇴원하는 것은 바로 자기가 특별한 존재이며 자신에게 신통력이 있기 때문이라고 주장하거나, 평소 응원하던 모 프로팀이 축구 경기에서 자주 지다가도 자신이 TV를 볼 때마다 이기는 것은 자기에게 특별한 능력이 있기 때문이라고 생각하는 조증 환자의 경우를 들 수 있다.

감정적 추리 또는 제멋대로 결론내리기

조증 또는 경조증 삽화 초기에 환자들은 자신에게 신통력이 있고 자신이 특별한 존재라는 견해에 주변 사람들이 동의하지 않고 다른 의견을 내놓으면 상대방의 의도가 불순하다거나 사악하다는 식으로 해석하는 편집증적 양상을 보인다. 이러한 양상은 특히 과거에 환자 자신과 사이가 좋지 않았던 사람에 대해서 더욱 두드러진다. 이러한 편집증적 증상에는 주변 사람들이 사악하다는 환자 자신의 느낌을 마치 객관적인 사실인 양 받아들이는 '감정적 추리의 오류'나 분명한 객관적인 근거도 없이 상대방의 의도를 환자 자신이 충분히 알고 있다는 식의 '제멋대로 결론 내리기의 오류'가 포함되어 있을 가능성이 높다. ◆

3. 환경적 요인

양극성 장애의 발병에는 생물학적 및 심리적 원인뿐만 아니라 환경적 요인도 기여할 수 있다. 예컨대, 신체질환이나 여행, 스케줄 변경으로 인한 수면부족은 증상 발병에 기저하는 여러 기제들 중 한 가지다.

심리사회적 스트레스 자극들 또한 양극성 장애의 기분삽화의 발병을 유발할 수 있으며, 특히 나중의 삽화에서보다는 초기의 삽화에서 그런 경우가 더 흔한 것 같다. 실제로 양극성 장애 환자들 중 45~75%가 첫 발병 직전에 주요한 생활사건을 경험했으며, 13~56%의 환자들이 그 이후의 기분삽화 직전에 주요한 생활사건을 경험했다는 보고들이 있다.

물론 환경적 요인과 다른 요인들은 상호작용한다. 예컨대, 환경적 요인은 유전적 소인을 가지지 않은 사람에게서는 양극성 장애를 발병시키지 않을 것이다. 또한 환경적 변화를 해석하는 특정 인지 양식을 가진 사람들에게서 생활사건의 영향이 더 크게 나타나곤 한다예: 부정적 인지 양식을 가진 사람에게서 부정 생활사건의 영향이, 낙관적 인지 양식을 가진 사람에게서 긍정 생활사건의 영향이 더 크게 작용. 여기에서는 양극성 장애의 조증 또는 우울증 삽화에서 환경적 요인의 역할 및 특성에 관해 좀 더 구체적으로 살펴보자.

1) 생활사건

일상에서 경험하는 생활사건들은 양극성 장애에 걸릴 유전적 소인이 있는 사람들에게 우울증 또는 조증 삽화를 촉발시키는 역할을 한다. 특히 질병의 경과 초기에 더욱 그러하다. 발병 초기와 달리, 양극성 장애는 시간이 경과함에 따라 생활사건과는 독립적으로 재발하는 양상을 종종 드러낸다. 하지만 양극성 장애가 만성화된 후에라도 생활사건들은 여전히 기분삽화들을 악화시키거나 지속 기간을 연장할 수 있다.

최근 연구들에 따르면 양극성 장애에서는 기분삽화의 극polarity에 따라 선행하는 생활사건의 종류가 다른 것으로 보인다(Johnson, 2005b). 우울증 삽화의 경우 주요우울장애와 비슷하게 부정적인 생활사건예: 실직, 건강 문제, 결별 등이 촉발요인이 된다는 것에 있어 연구 결과들이 대체로 일치하였다. 가장 문제가 되는 것은 가정불화, 직장상사나 주변 사람들과의 트러

블 등이고 그 밖에도 가족의 죽음이나 질병, 이혼, 실연, 이별과 같이 상실을 나타내는 부정적인 대인관계적 생활사건들이 있다. 이에 못지않게 시험 낙방, 직장해고, 실직, 기준 미달과 같이 성취 영역에서의 실패나 좌절을 의미하는 생활사건 역시 우울증의 발병에 기여하는 것으로 알려져 있다. 이러한 생활사건들은 당사자에게 심각한 심리적 충격을 줄 수 있다는 점에서 주요 스트레스 자극major stressor이라고 한다.

반면, (경)조증 삽화를 촉발하는 생활사건들은 일반적인 긍정 생활사건이라기보다는 목표 달성 및 추구의 특징이 있는 생활사건예: 새로운 일이나 취미, 인간관계의 시작, 한꺼번에 여러 가지 일에 몰두함, 공모전에 당선되는 것 등이었다. 보통 사람들에게 목표 추구나 달성은 긍정적인 것으로, 그 부정적 영향에 관해서는 잘 알려져 있지 않다. 그러나 이러한 사건들이 양극성 장애 환자에게는 과도하게 활동에 몰입하여 일상생활의 규칙성을 무너뜨림으로써 (경)조증을 촉발하거나 재발 위험을 높이는 식으로 작용할 수 있다.

일례로 자신이 원하던 공모전에 입상한 한 제II형 양극성 장애 환자는 기분이 들뜨고 자신감이 커지면서 자신이 장차 업계에서 성공할 가능성을 매우 과대평가하게 되었다. 이에 끊임없이 사람들과 모임 약속을 잡았고, 기발한 아이디어가 계속 떠올라 값비싼 재료들을 사들였으며, 잠잘 시간조차도 잊고 작업을 하는 경조증 삽화를 경험하게 되었다. 비록 당시에는 이 기간이 긍정적으로 느껴졌지만, 들뜬 기분이 가라앉은 후 이 환자는 경조증 삽화 기간에 저지른 실수들과 과소비를 자책하며 우울증 삽화로 전환되는 패턴을 보였다.

기분삽화를 반복하여 겪은 일부 환자는 기분의 평정을 유지하기 위해 보상을 얻을 수 있는 활동에 참여하는 것을 스스로 제한함으로써 (경)조증 삽화를 피하려고도 한다. 그러나 이러한 전략에는 삶의 질이 낮아지는 대가가 따르는 것으로 알려져 있다. 따라서 (경)조증 삽화의 재발을 방지하는 데에는 삶의 질을 유지하면서도 기분의 안정을 유지하는 균형점을 찾는 것이 중요하다.

2) 다른 환경적 요인

앞서 소개한 생활사건들 외에 사소한 스트레스 자극minor stressor or hassles이나 사회적 지지social support의 부족 등도 기분장애의 발병과 관련이 있다. 사소한 스트레스 자극이란 매일의 일상생활 속에서 흔히 경험할 수 있는 문젯거리를 말한다. 이를테면 직장에서 너무 많은 책임을 맡는 것, 친구나 연인과의 작은 언쟁, 적은 액수의 돈이지만 잃어버리는 것, 상점 판매원의 불친절한 행동 등이 포함된다. 실제로 가족 내 갈등과 비판 수준이 높을 때 우울증이 재발할 확률이 증가하였다.

그뿐만 아니라 가족처럼 개인에게 중요한 위치에 있는 주변 사람들의 애정, 관심이나 격려 등 사회적 지지의 부족 또한 우울증 등 기분장애와 관련된다. 사회적 지지의 부족이란 구체적으로 주변 사람들로부터 관심이나 인정을 받지 못하는 것, 도움을 요청하고 어려움을 상의할 사람이 부족한 것, 용돈이 궁한 상태 등 긍정적인 환경적 자극이 결여된 상황을 말한다.

3) 기타 유발요인

극단적인 수면부족은 조증 삽화를 유발할 수 있다. 밤새도록 잠을 자지 않는다거나 시간대가 다른 곳을 여행하는 등의 변화에서 촉발될 수 있는 수면조절 기능의 현저한 이상도 조증 삽화를 유발시키고 유지하거나 악화시킬 수 있다.

알코올이나 흥분제예: 코카인, 암페타민 등를 과도하게 사용하면 조증, 혼재성 조증, 또는 (이를 사용하지 않는 기간 동안) 주요우울증 삽화가 유발될 가능성이 매우 높다. 따라서 약물남용은 분명히 기분삽화의 유발 또는 유지요인이라고 할 수 있다.

어떤 여성들의 경우에는 월경주기가 우울증이나 조증 삽화를 악화할 수 있다. 출산 당시의 생물학적 변화도 양극성 장애가 있는 일부 환자에게는 조증, 혼재성 조증, 주요우울증 삽화에 대한 유발요인이 될 수 있다. ◆

3

양극성 장애를 어떻게 치료할 것인가

1. 치료를 위한 기본 원리 및 유의사항

양극성 장애를 효과적으로 극복하는 데 도움이 되는 구체적인 방법들을 살펴보기에 앞서 양극성 장애의 치료를 위한 기본 원리와 유의사항을 살펴보자.

1) 통합적인 치료의 필요성

(1) 입원치료는 언제 그리고 왜 필요한가

양극성 장애의 증상을 완화하고 경과를 조절하기 위해서는 평생 또는 장기간 약물치료를 받을 필요가 있다. 양극성 장애는 생물학적 소인이 있는 심리적 장애로 간주되기 때문이다. 더 나아가 증상이 심할 경우에는 정신과 입원치료를 고려해야 한다. 주로 감정 또는 행동조절의 장애가 심할 경우, 자해자살나 타해살인의 가능성이 뚜렷한 경우, 일상생활을 영위할 수 있는 능력이 심하게 저하되어 있는 경우, 진단평가를 위해 필요한 경우 입원치료를 받아야 한다. 이에 더해 과거에 증상의 진행이 아주 빨랐던 기왕력이 있거나 환자에 대한 사회적 지지체계에 문제가 있어서 그를 충분히 돌볼 수 없는 경우에도 입원치료를 받도록 하는 것이 좋다.

양극성 장애는 자발적으로 입원하는 경우가 아주 드물며 강제 입원을 시켜야 하는 경우가 많다. 심한 우울증 환자들은 절망감, 사고의 지체, 비관적이고 부정적인 사고와 동기의 상실 등으로 인해 입원을 결정하지 못하는 경우가 많다. 조증 환자는 자신에게 심리적 장애가 있다는 점과 치료가 필요하다는 점을 전면 부정하는 경우가 많기 때문에 입원 자체를 전혀 불필요한 것으로 받아들이고 거부하는 경향이 높다.

(2) 생물심리사회적 입장

양극성 장애의 치료는 약물치료와 입원치료만으로는 충분하지 않다. 제2장에서 살펴보았듯이 양극성 장애의 원인에는 생물학적 요인 외에 다른 다양한 원인이 있으며, 이러한 요인들이 상호작용하여 양극성 장애의 발병과 유지 또는 악화에 작용한다. 양극성 장애의 다양한 원인론을 생물심리사회적 입장이라는 통합적인 시각으로 이해하는 것이 바람직하듯이, 치료 방법 역시 이러한 통합적인 접근이 요구되는 것은 당연

◆ 양극성 장애의 원인론과 치료적 접근의 관계

원인론	치료적 접근
생물학적 취약성	• 약물치료
심리적 취약성	• 인지행동치료, 마음챙김 명상, 대인관계 및 사회적 리듬 치료, 스트레스 대처 훈련 등 심리사회적 접근
환경적 요인	• 지지적 환경 조성(입원치료, 가족 교육)

하다.

요약하면, 양극성 장애에 대한 치료법은 장애의 성질상 기본적으로 생물심리사회적 입장을 잘 반영하여야 한다. 생물심리사회적 모델에 입각한 포괄적이고 통합적인 치료는 기존의 약물치료에 대립되는 것이 아니라 이를 보완하고 그 효과를 증진시키기 위한 것이다. 즉, 약물치료를 받음으로써 생물학적 취약성에 기인하는 양극성 장애의 증상들을 경감시키고, 증상이 사라진 후에도 예방을 목적으로 지속적인 유지치료를 받는 것에 더해 심리사회적 치료법도 함께 적용하는 것이 바람직하다. 즉, 심리사회적 치료는 심리적 취약성으로 초래되는 기능 장애를 개선시키고 스트레스 자극 및 증상에 대한 대처 기술을 배양하도록 돕는다. 마지막으로 입원치료나 가족 교육을 통해 지지적 환경을 조성하고 스트레스 자극의 촉발 작용을 차단해주는 것이 필요하다.

이 책의 제3장은 양극성 장애의 치료에 대한 통합적인 생물심리사회적 입장에 따라 구성되었다. '2. 약물치료'는 생물학적 취약성을, '3. 심리치료'부터 '4. 환자 및 가족 교육' '5. 스트레스 대처'는 심리사회적 취약성을 다루기 위해 고안된 치료적 접근이다.

2) 치료 시기에 따른 치료 목표

부가적으로 시간적인 측면에서 볼 때 양극성 장애는 경과에 따라 각 시기에 맞는 적절한 치료 목표와 방법을 적용하는 것이 바람직하다. 일반적으로 양극성 장애의 치료 시기는 3가지로 구분할 수 있다.

(1) 급성기 치료

조증, 경조증 또는 주요우울증 삽화에 있는 환자들의 가장 우선적이고 중요한 목표는 증상을 조절 또는 완화시켜서 환자들의 대인관계적 · 직업적 · 사회적 기능이 정상 수준으로 되돌아갈 수 있도록 해주는 데 있다. 이를 '급성기acute 치료'라고 하며, 짧게는 6주에서 길게는 6개월 정도 걸린다. 약물치료로 양극성 장애의 대부분의 증상을 조절할 수 있지만, 투약 중에도 환자가 증상 발현을 경험하는 일이 드물지 않다. 약물치료만으로 충분치 않을 때는 치료자에게서 몇 가지 인지적 및 행동적 기법을 교육받은 후 증상에 대처하는 부가적인 방법으로 활용하는 것이 중요하다.

(2) 계속 치료

다음 시기는 '계속continuation 치료'로서 4개월 내지 9개월간 지속된다. 약물을 계속해서 사용하는 목적은 가장 최근의 기분삽화로 되돌아가는 것을 방지함으로써 증상이 없는 상태를 유지하도록 하는 데 있다. 이 시기에는 심리사회적 치료 또는 재활치료를 더욱 본격적으로 적용하여 환자들의 증상 악화나 재발에 기여하는 심리사회적 문제를 해결하고 생활 적응을 돕는다.

(3) 유지 치료

세 번째 시기는 '유지maintenance 치료'로서 양극성 장애를 가진 모든 환자에게 결정적이고 필수적인 단계다. 유지 치료의 목표는 새로운 기분삽화를 방지하는 데 있다. 당뇨병이나 관절염 같은 만성적인 신체질환 환자처럼, 양극성 장애 환자는 증상을 장기간 조절하기 위하여 약물치료를 유지한다. 유지 치료는 1년 이상 지속되어 5년이나 10년까지, 또는 평생 받을 수 있다. 장기간의 증상 조절은 매일 적정한 기능을 계속하게 해준다.

특히 이 시기에는 지속적으로 환자 교육을 받음으로써 약물을 꾸준히 복용하는 것이 중요하다. 그리고 기분삽화의 완전한 재발을 막거나 새로운 기분삽화의 기간을 단축하기 위해 핵심 증상과 조기 경보신호를 규칙적으로 모니터해서 발견 즉시 조기에 치료적 조치를 받도록 한다. 더 나아가 기분삽화 동안에 경험하는 증상을 효과적으로 처리하도록 도와주는 기법을 교육받고, 우울증이나 조증의 촉발요인 또는 악화요인이 될 수 있는 사회적 및 대인관계적 스트레스 자극에 대처하는 방법을 교육받는 데 중점을 둔다. 이를 통해 약물치료의 효과를 보완하고 증진시킬 수 있다. ◆

2. 약물치료

제2장에서 살펴보았듯이 양극성 장애가 기본적으로 생물학적 소인과 관련되어 있다는 점에서 약물치료는 필수적이다. 양극성 장애에서 약물치료의 원칙, 항조증 약물 및 항우울 약물의 종류와 그 부작용, 그리고 약물치료의 기간을 간략하게 살펴보자.[3]

1) 약물치료의 원칙

약물치료의 목적은 증상을 빠르게 완화시키고급성기 치료 오

---

3 이 부분은 1판의 내용을 바탕으로 하고(대한신경정신의학회 편, 1997; 민성길, 1994; Basco & Rush, 1996), 이후 발표된 최신 지견(민경준 등, 2011; 대한우울 · 조울병학회, 2014)을 참고하여 수정하였다.

랜 기간 재발이 없는 상태로 유지하는유지 치료 데 있다. 처방받은 약물을 매일 꾸준히 복용하고, 자신의 증상 및 부작용을 주의 깊게 모니터하는 것, 특정한 종류의 약물 또는 약물의 용량에 꾸준히 적응하는 것 그리고 부작용뿐 아니라 잠재적인 증상 발현을 조기에 발견하고 보고하는 것은 양극성 장애의 약물치료가 효과적으로 이루어지기 위하여 핵심적인 사항이다. 감기약이나 위장약과는 달리, 일반적으로 정신과적 약물에 적응하고 치료 효과를 얻기 위해서는 일정한 시간이 필요하다. 또한 개인마다 효과적인 적정 용량이 다르기 때문에 적절한 증량 및 감량이 이루어져야 한다. 만약 환자가 복용 중인 다른 치료제나 남용하고 있는 약물이 있다면 주치의에게 알려야 한다. 이런 약물들이 양극성 장애를 위해 처방된 약물의 효능에 영향을 줄 수 있고 부작용을 증가시킬 수 있기 때문이다.

효과적인 약물치료를 위해서, 더 나아가 양극성 장애를 성공적으로 관리하기 위해서는 치료자와 환자, 가족의 적극적인 협력관계가 필요하다. 환자가 의사의 권고에 따르지 않고 약물 복용을 임의로 중단하는 경우는 빈번히 일어난다. 즉, 약물치료에 대한 비순응의 문제는 치료 과정에서 흔히 당면하는 문제이며 악영향 또한 심각하다. 환자의 적절한 순응을 이끌어내기 위해서는 항조증 및 항우울 약물의 효과적인 사용에 관한 일반적 원칙을 환자들이 잘 이해할 수 있도록 설명해주는 것이 중요하다. 약물을 잘 복용하는 양극성 장애 환자들에게조차도 약물이 조증과 우울증의 재발을 방지하는 데 있어 100%의 치료 효능은 발휘하지 못한다. 더욱이 약물을 일관성 없이 복용하면 약물치료의 효과는 더 떨어지게 된다.

2) 기분삽화별 약물치료

(1) 조증 삽화의 약물치료

1949년에 케이드Cade가 리튬lithium을 조증 환자에게 사용하여 효과를 봄으로써 항조증 약물의 역사가 시작된 것으로 알려져 있다. 리튬은 급성기 조증 완화에 효과적일 뿐 아니라 이후 기분 변동을 줄여 재발을 예방하는 유지 효과도 갖고 있다. 현재 조증 삽화의 약물치료에는 리튬 등의 기분안정제와 발프로에이트valproate와 같은 항경련제가 일차 치료제로 사용된다. 또한 최근 들어 퀘티아핀quetiapine, 올란자핀olanzapine, 리스페리돈risperidone 등 비전형 항정신약물의 사용 빈도가 조증의 약물치료에서 증가하고 있다. 한편, 초기에 사용되던 카바마제핀carbamazepine은 심각한 부작용예: Stevens-Johnson 증후군 등 과 약물 상호작용 때문에 점차 사용 빈도가 감소하는 추세다.

리튬은 급성기의 항조증 효과뿐만 아니라 유지기 치료와 우울증에도 효과가 있는 전통적인 기분안정제다. 초기 연구들은 리튬의 치료 반응률을 80%까지도 보았으나 최근의 기준에 따르면 40~50% 정도로 본다(대한우울 · 조울병학회, 2014). 이는 리튬을 복용한 환자 중 약 절반에게서 약물효과가 나타난다는 뜻이다.

리튬 복용 시 발생할 수 있는 부작용에는 신장 효과갈증, 다뇨증, 중추신경계 효과진전, 기억상실, 대사성 효과체중 증가, 위장관 효과설사, 피부 효과여드름, 피부 건선 그리고 갑상선 효과갑상선종, 점액부종 등이 있다. 리튬은 독성이 있고, 고농도에서는 이보다 심각한 신경학적 이상반응이나 발작, 섬망, 순환기 장애 등 치명적인 이상반응이 나타날 수 있다. 따라서 낮은 용량부터 적절한 속도로 증량해야 하며, 혈중 농도를 측정하여 자신에게 맞는 용량을 투여해야 한다. 또한 리튬을 복용하는 환자는 갑상선 기능, 신장 기능, 심장 기능에 대한 검사와 지속적인 관찰이 필요하다.

항경련제인 발프로에이트의 항조증 효과는 전반적으로 리튬과 동일한 수준으로 본다. 단, 리튬으로 효과가 없었던 환자에게 사용할 수 있으며, 혼재성 조증에 더 효과가 있다는 장점이 있다. 또한 리튬에 비하여 독성 부작용이 적은 편이라는 점에서 선호된다. 그러나 발프로에이트 복용 시에도 구역감 같은 소화기 증상, 진정 작용, 체중 증가, 탈모와 같은 부작용이 나타날 수 있다. 가장 유의할 부작용은 간간독성과 췌장췌장염에 대한 것이지만 발생 빈도가 낮은 것으로 보고되어 있다. 발프로에이트 복용 시에도 적절한 혈중 농도를 유지하기 위해 정기적인 혈액검사가 필요하다.

조증 삽화에 사용되는 약물들은 임신 중 태아 기형을 초래할 위험이 있으므로 임신 중에는 사용하지 않는 것이 좋다. 연구에 따르면 리튬은 심혈관계 이상, 발프로에이트는 신경관 결손 등을 유발할 위험이 있다. 따라서 임신을 계획하고 있거나 임신 중이라면 주치의와 반드시 상의해야 하며, 어쩔 수 없이 사용해야 한다면 가급적 첫 3개월은 피하고 낮은 유효 용량을 사용하며 초음파 검사 등의 추적 검사를 해야 한다.

21세기에 들어 다수의 비전형 항정신약물이 조증 치료에서 효과가 입증되고 허가를 받음에 따라 조증 삽화를 치료할 때 사용하는 빈도가 급격히 늘어나게 되었다. 이 약물들은 빠른 진정 효과, 정신증적 증상에 대한 효과, 항우울 효과, 높은 관해율을 보이면서도, 부작용이 적고 약물 농도를 측정할 필요가 없으며 기형의 위험성이 낮다는 장점을 가지고 있다. 이러한 비전형 항정신약물들은 단독으로 또는 다른 약물과 병합하여 사용된다. 비전형 항정신약물들은 이전의 전형 항정신약물들에 비하여 부작용이 덜 심각한 편이지만, 복용 시 졸림, 입 마름, 손 떨림, 어지러움, 변비, 체중 증가 등이 나타날 수 있다.

(2) 양극성 우울증 삽화의 약물치료

양극성 장애의 우울증 삽화는 자주 나타나고 조증에 비해 치료 반응이 느릴 뿐만 아니라 자살 위험성의 측면에서 임상적으로 매우 중요하다. 양극성 우울의 약물치료는 때로 상충할 수 있는 여러 가지 목적을 동시에 만족시켜야 하기 때문에 까다롭다. 즉, 우울증 자체도 호전시켜야 하고, 약물로 인한 (경)조증을 유발하지 않아야 하며, 추후 우울의 재발을 억제해야 한다. 이러한 이상적 기준들을 모두 동시에 만족시키는 약물이 무엇인가에 대해서는 의견이 분분하지만, 현재로서 양극성 우울증에서 우선적으로 권고되는 것은 리튬, 발프로에이트 등이다(대한우울 · 조울병학회, 2014).

그 외에 라모트리진lamotrigine과 같은 항경련제도 대부분의 약물치료 지침서에서 양극성 우울증에 임상적으로 효과가 있는 일차 약물로 분류되어 있다. 그러나 대규모 연구에서 충분히 효과가 입증되지 않은 제한점이 있기는 하다. 라모트리진을 복용할 때 가장 유의해야 할 부작용은 피부 발진이며 약 10%에서 나타난다. 피부 부작용은 증량 속도와 관계가 있으므로 천천히 증량하는 것이 원칙이다. 그 외에는 심각한 부작용이 상대적으로 적어서 장기간 복용에 적합하다.

비전형 항정신약물 중 쿼티아핀은 대규모 연구에서 제I형과 제II형 양극성 장애 모두에 양호한 치료 효과를 보였기 때문에 양극성 우울의 일차 약물로서 인정받고 있다. 또한 올란자핀도 급성 우울에 어느 정도 효과가 있고 재발 억제 효과도 있다.

한편, 항우울제를 양극성 우울증 삽화에 사용하는 것의 득실은 아직도 논란이 계속되는 주제다(대한우울 · 조울병학회, 2014). 조증 유발이 적은 부프로피온bupropion과 같은 항우울제는 양극성 우울증에서 일차 약물로 권고되고 있다. 그러나 다른 항우울제, 특히 삼환계 항우울제TCA를 사용할 경우 조증 또는 급속 순환성 양상을 유발할 위험이 있다고 알려져 있다. 한편으로 일부 연구자는 항우울제에 의한 (경)조증 유발이 정말 약물 투여로 인한 것인지, 아니면 장애 자체의 순환적 경과로 인한 것인지를 구분할 수 없으며, 항우울제 사용을 기피함으로써 얻는 우울의 지속과 자살 위험성이 더 심각한 문제라고 주장하기도 한다.

(3) 약물치료 기간

"한번 양극성 장애에 걸리면 평생 약을 먹어야 되나요?"라는 질문을 자주 받게 된다. 기본적으로 환자들은 수년간 약을 장기 복용할 계획을 세워야 한다. 발병 시기가 빠를수록, 그리고 가족 중에 기분장애를 보였던 사람이 있을수록 양극성 장애는 재발할 가능성이 더 높기 때문에 이 점을 고려해야 한다.

소수 환자의 경우에는 수년간 안정되게 지낸 후 치료진과의 상의 하에 약물치료 없이도 잘 지낼 수 있는지를 확인하고, 환자의 임상적 상태가 철저하게 조절되는 여건 하에서 약물치료를 점차 중단하기도 한다. 그렇지만 이러한 경우에도 새로운 삽화가 예견되거나 발생하면 조기에 다시 약물치료를 시작해야 한다.

반면에 환자 스스로 약물치료가 필요한지를 알아보기 위하여 임의적으로 약물 복용을 중단하는 경우도 있다. 안타깝게도 이런 일은 매우 흔하며, 특히 약물 복용을 갑자기 중단해버릴 경우에는 기분삽화가 재발할 가능성이 높고 새로운 기분삽화는 치료하기가 더 힘들다. 따라서 양극성 장애는 거의 평생 약물치료가 필요하며, 약물에 대한 주의 깊은 조절이 좋은 치료 성과를 가져온다는 점을 기억할 필요가 있다. 이러한 점에서 당뇨병이나 고혈압과 같이 양극성 장애도 장기간 약을 복용하며 생활습관을 꾸준히 관리해야 하는 병이라는 인식을 가져야 한다.

(4) 약물의 중독성 여부

양극성 장애를 치료하기 위해 기분안정제나 항경련제 등의 약을 계속 복용하는 환자들은 흔히 이런 약물의 중독성 여부를 질문한다. 결론부터 말하면 이런 약물들은 중독성 약물이 아니다. 그러나 만약 중독 가능성이 의심된다면 지체하지 말고 주치의에게 문의해야 한다.

약물을 줄이거나 끊는 과정에서 마음속에 스쳐지나가는 변화들로 인해 다양한 불편감이 초래될 수는 있다. 그렇다 하더라도 주치의의 권유를 받아 약물을 줄이거나 끊은 결과 약 성분이 몸에서 빠져나간 후에는, 약물에 중독되었다면 나타날 수 있는 약물에 대한 어떠한 갈망도 갖지 않게 될 것이다. ◆

3. 심리치료

양극성 장애에 심리사회적 치료를 추가할 때의 이점

1900년대 중후반까지는 양극성 장애가 약물치료만 해도 회복이 잘 되는 순수하게 생물학적인 병으로 간주되어 왔으며, 그 결과 양극성 장애의 심리치료는 오랫동안 경시되어 왔다(Benson, 1975). 그러나 약물치료를 잘 받은 환자들에게서도 재발이 흔히 일어난다는 점이 1980년대부터 보고되기 시작했다(Markar & Mander, 1989; Keller, Lavori, Coryell, Endicott, & Mueller, 1993; Prien et al., 1984). 또한 양극성 장애의 만성적 경과에 대한 인식이 증가하였다. 이에 양극성 장애에서 약물치료의 보조요법으로 심리사회적 치료를 병행하는 것의 이점들이 밝혀지기 시작하였으며, 다양한 심리사회적 치료가 개발되었다. 연구 결과, 약물치료에 심리사회적 치료를 병행할 때 장기적으로 양극성 장애 환자들의 증상 관리와 일상기능

회복에 도움이 되는 것으로 알려져 있다.

양극성 장애를 위한 심리치료 간의 공통요인

양극성 장애와 관련하여 어느 정도 효과가 검증되어 있는 심리치료로는 인지행동치료, 대인관계 및 사회적 리듬 치료, 가족 중심 치료 등이 있다. 각 치료법마다 개발된 배경이 다르고 독특한 점도 있지만, 공통적인 주제와 치료 전략도 있다 (Miklowitz, 2008).

첫째, 양극성 장애의 진단, 증상, 경과, 약물 복용 등 질병 관리에 대한 심리교육psychoeducation이 이루어진다는 점이다. 이를 통해 환자가 지식을 가짐으로써 자신의 상태를 더 효과적으로 관리하는 위치에 서도록 하는 것이 목적이다. 둘째, 조증에 대한 대처 능력을 향상시키기 위해 심리치료에서는 모두 규칙적 일상을 유지하는 것의 중요성을 강조한다. 또한 정서 조절 기술의 습득도 중요하게 다루는데, 여기에는 정서적 목표를 수정하는 것, 술과 흥분제의 사용을 절제하는 것, 인지행동적 기술을 사용하여 조기에 (경)조증을 조절하는 것이 포함된다. 특히 (경)조증의 치료 전략에서 공통적으로 강조하는 핵심은 전구기 증상이 완전한 조증으로 발전하기 전에 초기 경보신호를 알아차리도록 하는 개입이다. 셋째, 우울에 대한 대처 능력을 향상시키기 위한 개입으로서 단극성 우울증의 인지

행동치료와 같이 행동 활성화, 인지적 재구성 등을 활용한다. 더불어 가족 및 친구관계 등 사회적 지지체계를 강화하고, 자살 위기 등 응급 상황에서 연락망을 갖추도록 한다.

이 책에서는 양극성 장애의 심리치료로서 인지행동치료를 중심적으로 소개하고자 한다. 이것은 양극성 장애의 인지행동치료에 관한 여러 매뉴얼(Lam, Jones, & Hayward, 2010; Newman, Leahy, Beck, Reilly-Harrington, & Gyulai, 2002; Scott, Garland, & Moorhead, 2001) 중에서 임상심리학자인 바스코Basco와 정신과 의사인 러쉬Rush가 개발한 매뉴얼을 우리나라 실정에 맞게 다소 보완한 후 환자와 가족이 실행해볼 수 있도록 구성한 것이다(Basco & Rush, 1996). 이를 '통합적인 인지행동치료'라고 이름 붙일 수 있겠다. 그 다음으로 최근 개발되어 각광받고 있는 새로운 흐름으로서 마음챙김에 기초한 심리치료 그리고 대인관계 및 사회적 리듬 치료를 간략히 부가 설명하도록 하겠다.

1) 통합적인 인지행동치료

(1) 통합적인 인지행동치료의 표적 및 목표

먼저 양극성 장애의 진행 경과와 통합적인 인지행동치료의 관계를 살펴보자. 다음 사례를 통해 양극성 장애의 치료에서 표적이 되는 여러 요소와 이러한 요소 간의 악순환을 생각해 보도록 하자.

40대 중반의 박 씨는 지방에서 슈퍼마켓을 운영하고 있다. 그는 평소에 예의가 바르고 성실하여 이웃 사람들로부터 좋은 평가를 받고 있었으며, 그 덕분에 매상을 많이 올리는 편이었다. 그러나 우울증 삽화 동안에는 기력이 없고 주변 사람들에게 관심조차 없었다. 매사에 자신이 없었으며, 앞으로 삶을 살아가는 데 아무런 희망도 없다고 생각했다. 그뿐 아니라 잠자는 데에 어려움이 있었고 낮 12시가 되어도 슈퍼마켓 문을 열지 않고 방에 드러누워 지냈다. 부인은 미용실을 운영하고 있어서 박 씨 대신 슈퍼마켓을 돌볼 처지가 못 되었다. 그러다 보니 매상이 많이 떨어져서 이 문제로 부인과 심하게 다투게 되었으며, 스트레스가 가중되자 우울 증상은 더욱 악화되었다.

박 씨가 경조증이나 조증 삽화 동안에 보이는 모습은 그 전과 딴판이었다. 기분이 붕 뜨고, 활동력이 왕성해져서 밤새 거의 자지 않고 일을 하였다. 그리고 뭐든지 하면 잘 될 것이라는 자신감이 생겼고, 그 결과 무리하게 돈을 빌려 슈퍼마켓 옆의 헬스클럽까지 인수하였다. 헬스클럽의 시설을 초현대식으로 꾸미고 안내장을 수만 장씩 찍어 이웃 동네에까지 뿌렸을 뿐 아니라, 그 지역과 멀리 떨어져 있는 농촌에까지 안내장을 대대적으로 돌렸다. 부인에게도 값비싼 다이아몬드 반지를 선물하였고, 새로 출고된 중형차를 할부로 구입하였다.

그러나 불행하게도 이러한 상태는 오래가지 않았다. 슈퍼마켓이나 헬스클럽에 찾아온 손님들에게 쓸데없이 참견하거나 자기 멋대로 행동하고 참을성 없이 반응함으로써 판매 실적이 뚝 떨어지게 되었다. 이로 인해 다시 부인과의 불화가 시작되었다. 결국 조증이 박 씨의 생활을 지배하였으며, 이는 그에게 우울증과 마찬가지로 큰 좌절과 고통을 안겨주었다.

앞의 사례를 살펴보면, 양극성 장애의 우울증 또는 조증 삽화가 시작되자 박 씨의 기분과 사고 및 신체반응에 변화가 나타났다. 이러한 변화들은 다시 활동 및 생산성의 감소 또는 증가 등 행동적 변화로 신속하게 이어졌고, 이런 행동적 변화는 그의 심리사회적 기능을 방해하였다. 그 결과 경제적 손실과 대인관계에 문제가 생겨서 기분삽화가 사라진 후에도 그의 생활에 지속적으로 영향을 미쳤고, 이로 인해 불면증과 정서적 고통 등의 증상이 다시 유발되었다. 이러한 증상들은 기분삽

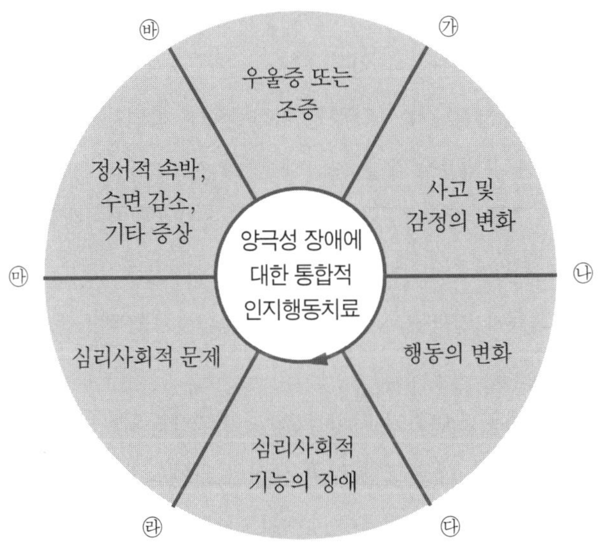

〈양극성 장애에 대한 통합적 인지행동치료의 치료 표적〉
(Basco & Rush, 1996)

화를 더 연장시키거나 박 씨를 재발에 더 취약하게 만드는 작용을 하였다.

전통적인 약물치료는 이러한 순환적 고리에서 2가지 지점에 개입을 시도한다. 첫째는 우울증 또는 조증의 급성기 동안의 증상을 조절하는 데 있다(㉮). 두 번째는 우울증이나 조증의 재발을 막는 데 있다(㉳). 이러한 예방적 조치가 실패할 때 치료의 표적은 우울증이나 조증이 더 악화되는 것을 막기 위한 증상의 완화에 둔다. 반면에 통합적인 인지행동치료는 모든 단계에 도움을 줄 수 있다.

첫째, 약물치료와 부가적인 비약물학적 방법을 통해 증상을 조절하고 재발을 막을 수 있다(㉮, ㉳).

둘째, 인지 재구성cognitive restructuring을 위한 인지행동치료 기법은 부적응적인 행동 변화를 초래할 수 있는 역기능적 사고 및 그것과 연관된 정서적 문제를 감소시키는 데 도움을 줄 수 있다(㉯).

셋째, 행동적 변화가 일어날 경우, 인지행동치료 기법은 우울증과 연관된 의욕 및 활력의 상실이 개인의 일상적인 직업적 · 사회적 및 가족 의무를 수행하지 못하도록 방해할 때 활동을 증가시키기 위해 사용될 수 있다. 활동의 감소, 조직화 및 적절한 평가를 위한 인지행동치료 기법은 경조증과 조증에 의해 나타나는 활동량의 증가와 잠재적으로 위험한 활동의 발생을 막는 데 유용하다(㉰).

넷째, 구조화된 문제해결 기법은 심각한 심리사회적 문제가 발생하는 것을 막기 위해 사용될 수 있다(㉱). 일단 심리사회적 문제가 발생했다면, 인지행동치료의 방법은 그런 문제를 해결하는 데, 그리고 일상적인 삶의 문제를 다루는 동안 우울증과 조증의 행동적 · 정서적 · 신체적 또는 인지적 증상을 통제하는 데 사용될 수 있다(㉲).

통합적인 인지행동치료의 목표는 다음과 같다(Basco & Rush, 1996; Hirschfeld et al., 1996).

첫째, 치료 효과를 증진시키고 지속시키기 위하여 환자 자신 및 가족의 협력을 최대한으로 이끌어낸다. 이를 위해 양극성 장애, 치료적 접근, 그리고 이 장애와 연관해서 흔히 부딪히는 어려움 등 치료 전반에 관해 환자 및 가족을 교육시킨다.

둘째, 환자에게 양극성 장애 증상의 발생, 심각도, 경과를 모니터하는 방법을 가르침으로써 새로운 삽화를 조기에 확인하고 재발을 사전에 방지할 수 있다.

셋째, 처방된 약물에 대한 순응을 촉진시킨다.

넷째, 양극성 장애의 증상과 연관된 인지적 · 정서적 · 행동적 문제에 대처하기 위한 비약물학적 전략, 특히 인지행동적 기술을 제공한다.

다섯째, 치료를 방해하거나 조증 또는 우울증의 삽화를 촉진시킬 수 있는 스트레스 자극에 효과적으로 대처하도록 환자를 돕는다.

이러한 치료 목표를 달성하기 위해서 환자 및 가족 교육, 약물치료, 증상 모니터 기법, 다양한 인지적 및 행동적 기법, 심리사회적 문제에 대한 대처법, 의사소통 훈련이 통합적인 인지행동치료의 중요한 구성 요소가 된다. 이러한 구성 요소 중

여기에서는 증상 모니터 기법, 우울과 조증에 대한 다양한 인지적 및 행동적 기법을 중심으로 다룬다. 그 외의 구성 요소는 제3장의 '2. 약물치료' '4. 환자 및 가족 교육' '5. 스트레스 대처' 등에서 소개하고 있으며, 지면 관계상 의사소통 훈련에 대한 정보는 채규만, 최규련, 송정아, 홍숙자(1996)를 참고하기 바란다.

(2) 증상 모니터하기

조기 경보신호 확인하기

우울증 또는 조증 삽화의 재발을 방지하기 위해서는 조기 경보신호를 확인하는 것이 필수적이다. 이런 신호를 조기에 확인하게 되면 신속하게 치료적 조치를 취할 수 있으며, 조증 또는 우울증 삽화가 만발하는 것을 사전에 막을 수 있다. 물론 조기에 탐지하기 위해서는 환자 자신과 주변에서 양극성 장애의 징후와 증상을 잘 알고 있어야 한다는 전제가 요구된다.

조기 개입의 첫 번째 단계는 환자와 그 주변의 중요한 타인들이 양극성 장애의 증상에 대한 자신의 경험을 알아내고 명칭을 붙이게 도와주는 것이다. 두 번째 단계는 조증이나 우울증으로의 악화를 나타내는 핵심 증상, 예컨대 기분의 변화를 정규적으로 모니터하는 것이다. 여기서는 증상의 변동을 모니터하는 한 가지 방법으로서 기분을 그래프로 표시하는 것을 살펴볼 것이다.

환자들로 하여금 재발이 임박했음을 확신하도록 하는 데 요구되는 조증 또는 우울증의 징후와 증상의 수 및 강도는 환자마다 다르다. 여러 번의 조증 삽화나 심각한 우울증을 경험하고 있는 환자는 그런 증상이 덜 심각하거나 덜 빈번한 사람들에 비해 더 빨리 도움을 청한다. 아마도 우울증 환자보다는 조증 환자들이 폭풍우를 헤쳐나갈 수 있다고 거짓 확신을 갖는 경우가 더 흔한 것 같다.

일단 조증이나 심각한 우울증이 발생하면 인지행동치료의 효과는 최소화된다. 인지행동치료의 강점은 재발을 방지하는 데 있다. 약물치료의 예방 효과를 증진시킴으로써 증상을 악화시킬 수 있는 스트레스 자극을 감소시키고, 또 환자 스스로 증상의 악화에 대해 조기에 민감하게 대처함으로써 초기의 증상들이 우울증과 조증으로 발전하는 것을 방지할 수 있다.

증상 모니터하기는 환자 및 치료자에게 하나의 학습과정이다. 해당 환자의 증상이 시간 경과에 따라 어떻게 변하는지, 어떤 요인이 그러한 증상 변동을 초래하는지, 언제 치료적 조치를 취하는 것이 가장 유용하고 필요한지, 그리고 재발이 임박한 결정적인 역치 수준에 증상이 도달한 때가 언제인지를 함께 정해야 한다.

환자의 증상을 정확하게 모니터하기 위해서는 우울증 및 조증에서 흔히 나타나는 증상을 평가하는 방법과 환자별로 특유한 증상과 증후의 진행 과정을 파악하기 위한 방법 양자 모두를 활용할 필요가 있다. 전자에 해당하는 표준화된 측정도구에는 여기서 소개하는 '벡의 자살 생각 척도' 외에도 제1장에서 소개한 우울증 및 조증을 측정하는 자가평정척도들이 있다. 또한 양극성 장애의 증상을 모니터하기 위하여 조기 경보 신호를 탐지하는 병력 도표life chart, 증상 요약지symptom summary worksheet, 기분 그래프mood graph는 후자에 해당한다(Basco & Rush, 1996).

자살사고의 측정

양극성 장애 환자의 약 25%가 자살을 시도한다는 보고가 있다. 이러한 자살 기도는 개인에게 치명적인 문제일 뿐 아니라 가족에게도 큰 충격이다. 개인의 자살 위험을 평가하려면 환자에게 자살에 대한 생각을 하는지의 여부를 직접 물어보는 방법 외에 환자가 궁리하는 자살 방법과 약물의 치사량 및 그 밖의 자기 파괴적인 방식에 대한 환자의 지식을 고려해야 한다. 이 외에도 환자가 자살을 시도할 때 다른 사람이 그의 자살 의도를 탐지할 가능성, 자살 시도를 막는 적기의 조치와 도움의 정도 및 즉각적이고 적절한 의학적 도움을 받을 수 있는 가능성 등 환경적 여건을 알고 있어야 한다.

개인의 자살사고의 정도를 측정하기 위하여 사용되는 자기보고형 검사들에는 여러 가지가 있다. 신민섭 등(1991)이 제작한 '벡의 자살 생각 척도' 역시 이런 검사에 해당한다. 이 척도는 원래 임상적 면담을 통해 전문가가 평정하는 척도로 개발되었으나, 신민섭 등이 우리말로 번역하는 과정에서 19개의 문항으로 된 자기보고형 질문지로 바꾸었다.

벡의 자살 생각 척도(일부)

문항 2. 죽고 싶은 소망이 있는가? (   )

0. 전혀 없다.   1. 약간 있다.   2. 보통 혹은 많다.

문항 15. 정말로 자살 시도를 할 것이라고 확신하는가? (   )

0. 전혀 없다.   1. 잘 모르겠다.   2. 그렇다.

문항 16. 자살에 대한 생각을 실행하기 위해 실제로 준비한 것이 있는가? (   )

0. 없다.
1. 부분적으로 했다(예: 약을 사모으기 시작함).
2. 완전하게 준비했다(예: 약을 사 모았다).

병력 도표

양극성 장애의 증상을 모니터하기 위하여 조기 경보신호를 탐지하는 한 가지 방법으로 사용되는 병력 도표는 주로 양극성 장애의 경과를 도식으로 나타내준다. 이를 통해 조증 및 우울증 삽화의 빈도, 순서 및 지속 시간을 파악할 수 있다. 또한 각 삽화의 경과에 대한 치료 및 생활사건의 영향도 평가할 수 있다.

병력 도표를 만드는 과정은 치료자와 환자 그리고 가족 간의 협력이 필요한 일종의 공동 작업이다. 특히 처방된 약물을 제대로 복용하지 않은 결과로 증상의 재발이 앞당겨지는 환자에게는 이 과정이 매우 교육적인 효과를 줄 수 있다.

• 1단계: 기준선 표시

'정상적' 또는 증상이 없는 상태를 나타내는 기준선을 병력 도표의 중간에 긋는다. 환자에 따라서는 결코 정상적인 상태로 지낸 적이 없다고 하는 경우가 있다. 이럴 경우에는 환자 자신이 경험한 우울증이나 조증의 극단적인 상태에 비해 비교적 가벼운 상태인 상대적인 정상 시기를 나타내도록 한다.

• 2단계: 기준선에 증상별 표시하기

직선상에 우울증 · 조증 · 혼재성 삽화를 각각 그려넣는다. 기준선 아래에는 우울증을 나타내고 기준선 위에는 조증을 나타낸다. 기준선으로부터 거리가 멀수록 증상이 더 심각함을

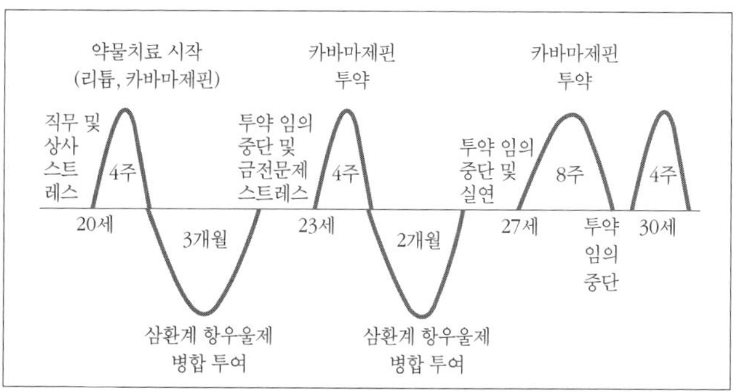

〈병력 도표의 예〉

의미한다. 직선상에 표시된 삽화의 폭은 해당 삽화의 길이를 반영한다. 양극성 장애의 발병 시기는 도표의 맨 왼쪽에 위치하며, 환자의 현재 기분 상태는 맨 오른쪽에 위치한다. 따라서 병력 도표는 양극성 장애의 시작부터 현재까지의 진행 과정을 보여준다.

작성 요령을 제대로 이해하게 되면 환자 혼자서도 병력 도표를 만들 수 있다. 그러나 환자에 따라서는 다양한 기분삽화를 보였기 때문에 작성이 어려울 수도 있다. 우울증이나 조증이 쉽게 구별할 수 있을 정도의 뚜렷한 삽화로 시작되지 않는 환자도 있다. 이럴 경우에는 가장 최근의 삽화로부터 시작하여 거꾸로 작업해나가는 것이 용이하다. 그리고 환자 스스로 입원 혹은 병원 응급실 방문 당시의 상황을 떠올림으로써 이런 사건을 기분삽화의 참조점으로 사용할 수 있다. 이 외에도 병원의 의무기록을 살펴보거나 가족과의 면담을 통해 환자가 보이는 양극성 장애의 경과를 체크할 수 있다.

• 3단계: 유형과 날짜 기록하기

환자가 실제로 받은 치료의 유형과 날짜를 기입한다. 이 작업에는 의무기록이 특히 유용하다. 정신과 의사는 일정 기간 약물을 처방하지만 정작 환자는 꾸준히 약을 복용하지 않을 수도 있다. 주로 환자 스스로 기분이 좋아졌다고 느껴서 임의로 약을 중단하거나 약물 부작용으로 심하게 불편감을 느낄 경우 자의로 약물을 복용하지 않게 된다. 이럴 경우 해당 부분에 '약물 중단'이라고 기입한다.

어떤 생활사건이 우울증이나 조증의 발병 및 재발에 영향을 미치는지를 환자와 치료자 모두 확인하기 위해서는 병력도표에 중요한 생활사건을 기재해야 한다. 양극성 장애에 영향을 미치는 생활사건에는 누구에게나 스트레스를 주는 것으로 보이는 사건들이 포함된다.

이와 같이 세 단계를 거쳐 작성된 병력 도표는 환자와 치료자에게 치료와 스트레스 자극의 영향을 포함하여 양극성 장애의 경과에 대한 전반적인 그림을 제공한다. 이를 통해 양극성 장애의 경과와 효과가 있었던 치료제 그리고 재발과 관련된 요인을 명확하게 볼 수 있고, 치료 계획을 세우는 데 도움을 받을 수 있다. 예컨대, 이전 치료에서 효과가 있었던 약물을 확인함으로써 증상이 재발했을 경우 그 약물을 다시 처방할 수 있다. 그뿐 아니라 우울증이나 조증 삽화의 재발에 영향을 미치는 생활사건이 다시 있을 것으로 예상될 경우 환자와 치료자는 증상을 확인하고, 미리 예방하거나 조기에 치료적 조치를 취하기 위한 계획을 세울 수 있다.

증상 요약지

증상 요약지는 우울증이나 조증 삽화 동안에 경험하는 전형적인 증상들을 구체적으로 수록한 것으로, 우울증 및 조증 증상과 정상적인 상태를 직접 대비시켜주며, 환자와 치료자에게 증상 변동을 비교하는 가이드라인을 제공해준다. 증상 요약지를 작성하는 단계는 다음과 같다.

- 1단계: 환자와 가족은 치료자로부터 증상을 탐지하는 이론적 근거를 교육받는다.
- 2단계: 증상을 보이지 않는 정상적인 상태가 구체적으로 어떤 모습을 보이는지 확인해본다. 환자의 성격, 대인관계, 생활방식, 전형적인 행동 패턴, 좋아하는 것과 싫어

하는 것, 기질, 유머 감각, 생활습관 등을 알아본 후 이것들을 증상 요약지의 '정상' 란에 기재한다.

- 3단계: 우울증 및 조증 증상을 알아본다. 우울증과 조증 삽화별로 환자 스스로 가장 흔히 경험하는 증상을 기록한다. 이 정보를 해당란에 추가하고 해당 증상의 경과, 지속 시간, 심각도에 관한 구체적인 정보를 알아본다. 증상이 나타나는 시기 동안 다른 사람들이 환자 자신에 관해 무엇을 관찰하는지 알아본 후 이를 추가한다. 우울할

◆ 〈증상 요약지의 예〉

이름: 날짜:

정상	우울증	조증
6~8시간 잠.	계속 잠만 잠, 하루에 14시간 이상 잠.	수면 욕구 감소, 하루에 2~3시간 잠.
차분하고 내성적임, 말수가 적음.	우울해 보임, 말이 거의 없음.	쉽게 흥분하고 매우 공격적임, 말이 상당히 많고 주제가 쉽게 바뀜, 활동력 증가
정리정돈을 잘함.	씻지 않음.	–
소수와 친함.	친구를 안 만남.	친구들에게 계속 연락함.
–	식욕 감퇴, 의욕 상실	식사를 거부함.
공손함.	식욕 감퇴.	정치에 대한 지나친 관심, 과대적 사고, 집중 곤란, 거만하고 적대적임.

때나 조증 상태에 있을 때 환자 자신의 생활이 어떻게 변화하는지를 알아본다.

증상 요약지는 환자나 가족 또는 치료자가 증상 악화를 의심할 경우 특히 도움이 된다. 또한 어떤 문제나 사건의 원인이 환자의 장애 탓으로 돌려지는 상황에서, 증상 요약지에 기록되어 있는 사항과 현재 환자가 보이는 상태를 직접 비교함으로써 가족 간의 말싸움을 해결하는 데 도움이 될 수도 있다.

기분 그래프

기분 그래프는 환자의 기분, 인지 및 행동 등의 영역에서 나타나는 매일의 변화를 모니터하는 데 사용된다. 이 방법은 조증 및 우울증 삽화가 본격적으로 시작되기에 앞서 나타나는 전구 증상을 파악하는 데 필요하다. 특히 특정한 개인별로 증상 악화에 대한 가장 조기의 신호예: 쉽게 짜증을 내거나 잠을 잘 이루지 못함를 탐지하는 데 많은 도움이 된다. 환자에 따라서 기분의 변화더욱 침울해지거나 명랑해짐에 초점을 맞추는 경우가 있는가 하면, 인지의 변화더 비관적이거나 낙관적임에 주목하는 경우가 있다. 행동의 변화활동이 증가하거나 위축됨를 더 민감하게 모니터하는 경우도 있다. 이 기분 그래프를 통해 치료자와 환자가 어떤 증상을 모니터하는 것이 가장 유용할지를 결정하는 데 있어 앞서

◆ 기분 그래프의 예

이름: ____________ 기간: ____________________________

작성자: __________ 환자와의 관계: ____________________

날짜	1일	2일	3일	4일	5일	6일	7일
	9.30.	10.1.	10.2.	10.3.	10.4.	10.5.	10.6.
조증	•	•	•	•	•	•	•
+5점	•	•	•	•	•	•	•
+4점	•	•	•	•	•	•	•
개입할 시기 +3점	•	•	•	•	•	•	•
면밀하게 모니터할 것 +2점	•	•	•	•	•	•	•
+1점	•	•	•	•	•	•	•
정상 0점	•	•	•	•	•	•	•
−1점	•	•	•	•	•	•	•
면밀하게 모니터할 것 −2점	•	•	•	•	•	•	•
개입할 시기 −3점	•	•	•	•	•	•	•
−4점	•	•	•	•	•	•	•
−5점	•	•	•	•	•	•	•
우울증	•	•	•	•	•	•	•

소개한 증상 요약지가 도움을 줄 수 있다.

그림에서 보듯이, 가운데 0점은 증상이 없는 정상 수준을 나타낸다. 0점을 기준으로 하여 위쪽은 조증 수준을 나타내고 가장 높은 점수인 +5점은 조증 삽화를 의미하며, 아래쪽은 우울증 수준을 나타내고 가장 낮은 점수인 -5점은 주요우울증 삽화를 의미한다. -1점부터 +1점까지는 정상적인 기분 변화를 나타내고, -2점이나 +2점은 환자에게 그들 자신의 증상을 더욱 면밀하게 모니터하도록 경계신호를 주는 점수다. -3점이나 +3점은 증상이 악화되는 것을 막기 위하여 치료적 조치를 취할 시기임을 나타내 준다. 이 점수로 평정될 정도로 심한 상태일 경우에는 약속이 미리 잡혀 있지 않았더라도 곧바로 치료자를 방문하는 것 좋다.

몇몇 환자에게는 이처럼 간단한 기분 그래프로 충분하지만, 환자에 따라서는 기분 그래프를 개별적인 조건에 맞추어 수정할 필요가 있다. 예를 들어, 하루 동안에도 기분이 여러 번 변하는 사람이라면 하루를 여러 부분예: 오전, 오후, 밤으로 나누어 각 시간대별로 따로 평정하는 기분 그래프로 바꾸어서 사용할 수 있다. 뿐만 아니라 기분의 변화와 관련된 환경적 여건에 관한 정보를 기분 그래프 상에 기록할 수도 있다. 이러한 정보를 통해 치료자는 환자의 기분 악화를 방지하는 치료적 조치를 고안하는 데 도움을 받을 수 있다. 이를테면 어떤 환자는 친구들을 만날 때, 시험 준비를 할 때, 또는 다른 사람이 자신의 요구를 들어주지 않을 때 자신의 기분이 많이 변한다는 점을 발견할 수 있다. 이러한 기분 변화의 경우는 인지행동치료 등 비약물적인 심리사회적 치료로 다룰 수도 있다.

어떤 환자는 동일한 기분 그래프 상에서 정서적 · 인지적 및 행동적 변화를 각 시기별로 가, 나, 다 등의 문자를 사용함으로써 함께 모니터할 수 있다. 이런 방법은 우울 증상과 조증 증상을 동시에 경험하는 환자에게 적합하다.

경우에 따라서는 수면의 변화, 알코올 소비량, 돈을 쓴 액수, 또는 필요한 약물 등도 기분 그래프 상에서 모니터할 수 있다. 어떤 증상을 모니터할 것인지 선정하는 문제는 환자별로 특별히 호소하는 증상에 좌우되기 때문에, 개별화된 모니터 체계를 개발하는 것이 현명하다.

(3) 우울증 삽화의 인지행동치료

인지행동치료는 우울증에 대한 벡의 인지 이론에 그 기반을 두고 있다. 인지행동치료의 기본 원리는 개인이 호소하는 우울 증상을 좌우하는 자동적 사고를 찾아내고 이를 현실에 비추어 평가하여 자동적 사고 속에 담겨진 인지적 오류를 발견하며, 이 오류를 교정하여 현실적이고 타당한 사고로 교정하는 것이다. 자동적 사고란 어떤 상황에 직면하거나 무슨 일을 할 때 반사적으로 머릿속에 떠오르는 생각 또는 심상을 말한다. 예를 들면, 남편이 퇴근 후에 집 안을 잘 정돈한 부인을 보고 칭찬을 하자, '내가 얼마나 못나고 형편없으면 이런 일로 나를 칭찬할까'라는 생각이 순간적으로 머릿속을 스쳐가는 경우다. 이러한 인지를 변화시키기 위해 행동적 변화를 위한 방법도 함께 적용할 수 있다. 또한 자동적 사고의 배후에 있는 근본적인 역기능적 신념을 찾아내어 보다 현실적이고 합리적인 신념으로 대체하는 방법도 주요한 치료적 구성 요소다.

이 책에서는 지면 관계상 전자를 위주로 다루며, 후자에 관해 자세히 알고 싶다면 다른 책(권정혜 역, 1999; 원호택 등 공역, 1996; 최영희, 이정흠 공역, 1997)을 참고하기 바란다.

문제 이해하기

사람들이 문제가 생겨 병원이나 심리상담소를 방문할 경우, 치료자가 가장 먼저 하는 일은 그 사람이 스스로의 문제를 정확하게 이해하도록 돕는 것이다. 치료자는 삶의 5가지 영역인 환경, 생각, 기분, 행동 및 신체반응 등에 대하여 질문한다(권정혜 역, 1999).

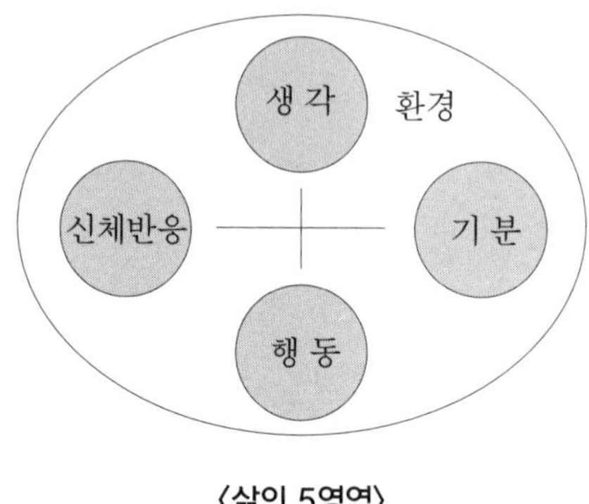

〈삶의 5영역〉

- 환경 영역: 주위에서 일어나는 생활의 변화와 스트레스 사건, 일상적인 골칫거리 등이다. 시기상으로는 최근뿐 아니라 수개월 전, 수년 전, 그리고 어린 시절에 겪은 충격적 사건 등도 해당된다. 한편, 환경 영역은 생각 영역, 기분 영역, 행동 영역, 신체반응 영역을 포괄한다.
- 생각 영역: 어떤 부정적인 기분이나 감정이 들 때 머릿속을 순간적으로 스쳐지나가는 자동적 사고나 심상, 평소 자신의 신념이다. 자기 자신, 자신의 미래 및 다른 사람이나 주변 세계에 대한 생각을 포함한다.
- 기분 영역: 자신의 기분을 단적으로 표현하는 단어주로 형용사가 무엇인지 나타내는 것이다. 우울증에서는 흔히 우울하다, 불행하다, 슬프다, 허무하다, 죄스럽다, 재미가

없다, 짜증스럽다 등의 기분을 호소하며 주로 한 단어로 표현된다.

- 행동 영역: 변화를 주고 싶은 일이 무엇인지를 말한다. 집안, 학교, 직장, 친구관계 또는 자기 혼자서 하는 일 모두가 해당된다.
- 신체반응 영역: 자신을 힘들게 하는 신체적 변화나 증상이다. 수면, 식욕, 성욕 또는 기운의 감소나 증가 등이 해당된다.

이러한 5가지 영역은 효과적인 치료적 조치를 위해 편의상 구분한 것일 뿐 실제로는 서로 밀접하게 관련되어 있다. 이를테면, 한 개인의 생각이 바뀌면 그의 기분이나 행동 및 신체반응이 변하며, 환경예: 배우자마저 바뀔 수 있다.

또한 행동이 바뀌면 기분, 행동, 신체반응 그리고 우리를 둘러싼 환경까지도 바뀔 수 있다. 이 5영역이 서로 어떻게 상호작용하는지를 알게 되면 자신의 문제를 더 잘 이해하게 될 것이다.

생각 변화시키기

벡의 인지행동치료에서는 생각이 바뀌면 기분, 행동 및 신체반응 역시 변한다고 가정한다. 이 가정은 우울 증상을 완화시키려면 이런 증상을 좌우하는 생각을 찾아서 바꾸는 것이 필수적임을 의미한다. 그러므로 자신의 생각을 보다 잘 알고 이를 적절하게 조절할 수 있다면 살아가는 데 큰 도움을 받을 수 있을 것이다.

생각과 다른 삶의 영역은 어떻게 관련되는가

다음 사례를 통해 개인의 생각이 나머지 다른 삶의 영역과 어떻게 밀접한 관련이 있는지 살펴보자.

> 김 씨는 요즘 우울증이 너무 심하여 남편이 출근할 때 아침식사를 제대로 챙겨 주지 못했다. 그러던 중 김 씨는 어느 날 남편의 아침식사를 챙겨 주었다. 그러자 남편이 김 씨에게 고마움을 표시하며 칭찬해주었다.

생각과 기분 및 행동 간의 관계

그런데 남편의 이러한 칭찬을 두고, '내가 평소 얼마나 못나게 보였으면 이 정도의 일을 갖고도 칭찬을 하고 고마워할까?'라고 생각한다면 더욱 비참해지고 우울해질 것이다. 그리고 앞으로 남편에게 아침식사를 챙겨 주는 일은 물론이고 자신의 우울증에서 벗어나기 위한 별다른 노력을 하지 않을 것이다. 이와 달리, '내가 이번에 기운을 차려 노력을 했더니 남편이 내게 관심을 보이는구나. 이런 걸 보니 남편이 나를 전혀 사랑하지 않는 것은 아니야' 라고 생각한다면, 기분이 다소 나아지고 보람을 느낄 것이며, 앞으로 자신의 우울증에서 벗어나고 남편을 기쁘게 해주기 위해 더 많은 노력을 기울일 것이다.

생각과 신체반응의 관계

어떻게 생각하는지에 따라 신체반응이 크게 영향을 받는다는 사실을 쉽게 이해하려면, 각자가 위협을 크게 느꼈던 상황을 한번 상상해보면 된다. 심한 불안이나 두려움은 대부분 개인이 위협을 지각하는 상황에서 나타난다. 가장 최근에 그런 상황이 있었는가? 있었다면 어떤 상황인지 구체적으로 기술해보라.

일반적으로 개인이 위협을 지각하는 상황에서는 자율신경계통이 활성화되어 가슴이 뛰고, 몸에서 땀이 많이 나고, 어지럽고, 혈압이 상승하고, 몸이 떨리고, 소화도 잘 안 되며, 소변이 자주 마려운 신체 증상을 보인다. 이러한 불안 증상은 우울증 삽화에서도 흔히 나타난다.

평소 시부모의 방문을 큰 스트레스 자극으로 생각하고 심한 불안 증상들을 경험했던 김 씨가 그 상황을 다르게 받아들인다면 어떤 신체반응이 나타날까? '평소 두 분만 지내시니

적적하실 텐데 아들, 며느리, 손주 보러 오시는 모양이구나' '시어머니는 늘상 몸도 불편한 시아버지를 모시느라고 고생이 많으신데 두 분이 오시면 잘해드려야지' '때로 야단도 치시지만, 지난번에는 고생이 많다며 격려해주셨지. 아들과 며느리 주려고 한약을 지어주신 적도 있지 않은가?'

이렇게 생각할 경우에는 약간 신경 쓰이는 정도에 그칠 것이며, 잠을 한참 동안이나 못 이루는 지경에까지 이르지는 않을 것이다.

생각과 환경의 관계

왜 동일한 상황에 대해 어떤 사람은 매우 부정적으로 생각하는데 어떤 사람은 그렇게 생각하지 않는 것일까? 이러한 차이를 이해하려면 각자의 살아온 내력이나 환경을 자세히 살펴볼 필요가 있다. 부모나 조부모, 가까운 친척 중에 이와 비슷한 사람은 없는가? 어린 시절 등 과거에 충격적인 사건을 경험한 적은 없는가? 최근과 비슷한 사건을 아동기에도 체험하지는 않았는가? 어릴 때부터 부모에게 어떤 방식으로 양육을 받았는가? 유전적 또는 생물학적 차이뿐 아니라 환경의 차이 역시 우리의 생각이나 신념에 영향을 줄 수 있다.

이처럼 자기 자신이나 미래 또는 일상적인 경험을 바라보는 관점과 신념은 개인의 어린 시절과 현재 그를 둘러싸고 있는 다양한 환경요인에 영향을 받고 형성된다.

다른 유사 접근과는 어떤 차이가 있는가

인지행동치료에서는 우울증을 완화시키고 조절하기 위해 그 사람의 생각을 찾아내어 이를 교정하는 것이 중요하다고 강조한다. 그렇다면 통상 어려운 일을 겪고 있는 사람이 비관하고 부정적인 생각을 할 경우 주변에서 긍정적으로 사고하라고 권하는 것과 어떤 차이가 있는가? 이 차이에 관해 벡은 아주 명쾌하게 답변하고 있다.

긍정적 사고를 권유하는 입장과 인지행동치료 양자 모두 생각이 기분과 행동에 영향을 준다는 점에서는 유사해 보인다. 하지만 '긍정적 사고'를 권유하는 입장이 지닌 분명한 문제점은 긍정적인 사고가 반드시 타당하거나 정확한 것은 아니라는 점이다. 즉, 비현실적인 긍정적 사고를 함으로써 잠시 동안은 자신을 속일 수 있지만, 결국에는 환멸을 느끼고 원상태로 되돌아오게 된다. 인지행동치료의 관점에서 보면 '모든 것이 점점 나아지고 있다'는 말은 '모든 것이 점점 나빠지고 있다'는 말과 똑같이 비현실적이라는 것이다.

뿐만 아니라 우울이나 불안, 분노 등을 경험해 본 사람들은 대부분 긍정적으로 생각하는 일이 결코 쉽지 않다는 것을 체험하게 된다. 오히려 우울한 기분이 심한 상태에서 억지로 긍정적인 생각을 주입하려 하면 잘못된 부분을 알려주는 중요한 신호를 놓칠 수 있다. 현실적 근거가 희박한 긍정적인 사고는 우울한 기분의 진정한 개선을 가져온다기보다는 또 다른 문제인 경조증과 심할 경우 조증을 유발할 수도 있다.

이와 달리, 인지행동치료에서는 상황을 가능한 한 다양한 각도에서 바라보고 융통성 있게 해석해보도록 권장한다. 인지행동치료의 핵심은 '긍정적 사고를 일방적으로 권유하는 데' 있는 것이 아니라 '현실적이며 융통성 있고 타당한 사고'를 스스로 하는 데 있다. 이렇게 사고할 경우 우울 증상들이 효과적으로 개선될 수 있다.

또 한 가지 주목할 점은 인지행동치료가 자가치료의 철학을 지향한다는 것이다. 즉, 배고픈 자에게 고기를 잡아주기보다는 고기 잡는 법을 가르쳐줌으로써 스스로 배고픔을 해결하도록 도와준다는 말이다. 인지행동치료는 환자의 우울 증상을 완화시켜줄 뿐 아니라 스스로 자신의 문제를 해결해나갈 수 있는 방법을 제시하고 안내함으로써 자가치유 능력을 길러준다는 특징이 있다.

생각의 변화만이 유일한 치료방법인가

우울증을 호소하는 사람에게서 왜곡된 생각을 찾아내 이를 현실에 맞게 변화시키는 것이 인지행동치료의 핵심이기는 하지만 그 사람의 행동, 신체 및 환경을 변화시키는 것 역시 중요할 때도 많다. 예를 들어, 우울할 경우에 별다른 활동도 하지 않고 집에서 혼자 누워 지내며 아무도 만나지 않는 사람이라면, 우울증을 완화시키기 위해서는 조금이라도 즐거움을 느끼는 활동을 하도록 권장하거나 시간 단위로 활동계획표를 세워 일정 수준의 활동량을 유지하도록행동 변화 할 수 있다. 또한 따뜻한 물로 목욕을 하여 피로를 풀거나 항우울제를 복용하는 방법신체적 변화도 효과가 있다.

환경을 변화시키는 것도 우울증을 극복하는 데 도움이 된다. 자신을 이해하고 지지해줄 수 있는 사람을 찾아 함께 시간을 보내거나 컨디션을 고려하여 무리한 일을 줄이는 것도 우울한 기분을 완화시키는 환경적 변화가 될 수 있다.

우울 증상 평가하기

우울 증상을 스스로 평가할 수 있는 방법은 크게 2가지가 있다. 하나는 우울 증상과 관련된 기분을 파악해서 기분의 강도를 평가하는 방법이고, 다른 하나는 우울증을 측정하는 자가평정척도를 작성해서 그 결과를 확인해보는 방법이다.

기분을 파악하고 측정하기

우울증을 조절하는 방법을 배우기 위해서는 현재의 기분을 파악하는 것이 도움이 된다. 그렇지만 자신의 기분을 파악하는 것은 쉬운 일이 아니다. 자신이 우울하다는 사실을 인식하지 못한 채 소화불량, 체중감소, 불면, 기력 저하, 피로감 또는 불감증 등 신체 증상을 호소하는 경우가 있다. 특히 우리나라 사람에게서 이런 경우는 허다하다.

기분과 비슷한 말로 '정서'라는 용어가 있다. 심리학의 한 이론에서는 정서를 신체적 반응흥분에 대한 느낌이나 지각으로 정의하며, 사람들의 공통된 기본 정서로 기쁨, 슬픔, 분노, 공포불안, 놀람, 수용, 흥미, 수치심, 혐오 등을 든다. 이러한 기본 정서들이 혼합되면 복합 정서들이 산출된다. 이러한 정서에 해당되는 다양한 형용사로 기분 목록을 만들 수 있다. 기분은 대개 1~2개의 단어로 기술될 수 있다. 만약 기분을 묘사하는 데 그 이상의 단어가 필요하다면 기분이 아니라 생각을 나타내고 있을 가능성이 있다. 생각은 우리 머릿속을 스쳐지나가는 단어 또는 심상이나 기억을 말한다.

기분을 파악하는 일에 더해 기분의 강도를 평가하는 일도 중요하다. 기분의 강도를 측정함으로써 기분의 변화를 관찰할 수 있다. 기분을 측정하면 기분과 관련된 상황이나 생각을 놓치지 않게 된다.

하루 동안의 기분 변화를 살펴보기 위해서 주관적인 기분 평가척도를 사용하면 도움이 된다. 기분평가척도는 다음과 같

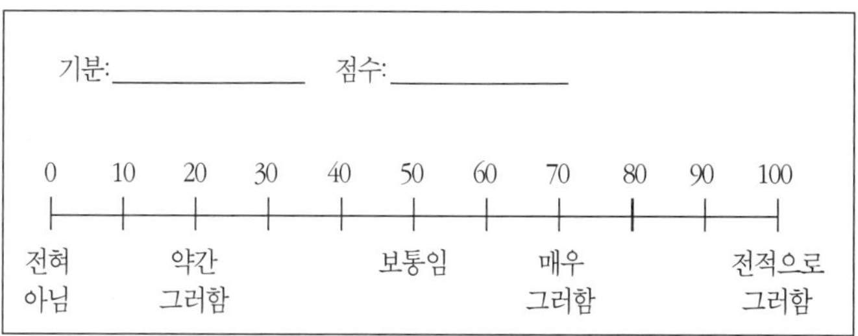

〈기분평가척도〉

이 특정 상황에서 자신이 느끼는 기분을 한 개의 단어로 적은 후, 그 강도를 숫자에 맞추어 평가하는 것이다.

우울 증상을 발견하고 평가하기

자신에게 우울 증상이 있는지 있다면 그 정도가 얼마나 되는지를 평가하기 위해서는 제1장에서 소개한 '우울증의 자가평정척도'를 활용하면 도움이 될 것이다. 자신의 우울증이 변하고 있는지 그리고 현재 받고 있는 치료의 효과가 있는지를 평가하기 위해서는 이 척도를 주기적으로 작성해본다.

행동 변화시키기

인지행동치료에서는 인지적 변화를 꾀하는 것이 핵심이지만, 이를 위해 행동적인 기법을 함께 활용하면 도움이 된다.

주로 치료의 초기에 그리고 특히 우울증의 정도가 심할 경우에는 환자의 기능을 병전 수준으로 회복시키는 것이 중요하다. 이런 환자들은 활동 수준의 감소로 인해 스스로를 무기력하고 부적절한 사람으로 보는 악순환에 빠진다. 이러한 부정적인 관점으로 인해 자신감을 잃게 되고 결국 비활동 상태에 빠지는 것이다.

우울한 사람들은 즐거움 등 긍정적 강화를 적게 체험한다는 강화 이론을 고려할 때, 우울증을 치료하기 위해서 긍정적 강화를 증가시켜주는 방법을 고안할 필요가 있다. 환자가 행동을 변화시키도록 도와줌으로써 그가 보이는 부정적이고 과잉일반화된 결론예: 자신은 매사에 무능하고 무기력하다이 틀렸다는 것을 보여줄 수 있다. 즉, 특정한 행동의 변화를 보이게 되면, 그가 이전의 기능을 완전히 상실한 것이 아니라 그의 낙담과 회의감으로 인해 노력에 필요한 자원을 이용하기 어렵게 되었다는 것을 스스로 깨달을 수 있다.

물론 단지 행동이 변했다고 해서 부정적으로 편향된 생각이 쉽게 변하지는 않는다. 그보다는 행동의 변화를 통해 자신의 부정적인 평가를 확인하고 자신의 결론을 객관적으로 검증해본 후 현실적이고 타당한 사고로 교정함으로써 우울증이 극복될 수 있다. 우울증 환자들이 보이는 자기패배적이고 부적응적인 행동을 변화시키기 위한 방법들은 다음과 같다.

주간활동 기록표

우울증을 치료할 때 처음 단계에서는 특히 즐거움을 주거나 성취감을 느끼게 해주는 활동을 증가시키는 것이 도움이 된다. 우선 하루를 시간 단위로 나누어서 각 시간대별 일상 활동을 관찰해서 기록한다. 여기서 중요한 것은 자신이 매일 얼마나 많이 혹은 얼마나 잘 활동하는지를 평가하는 것이 아니라 단지 일상 활동을 관찰하는 것일 뿐이라는 첫 목표를 분명하게 인식하는 것이다.

자신이 하는 활동을 자세히 관찰해보면 활동이 기분에 어떤 영향을 주는지 알 수 있다. 특히 어떤 활동을 할 때 기분이 가장 좋아지는지를 알아볼 수 있다. 주간활동 기록표를 작성하기 전에 어떤 기분을 평가할지 정하고, 하루에 매 시간별로 활동을 기록하며, 매 시간 기분의 강도를 체크하여 일주일 동안 주간활동 기록표를 작성한 다음 자신의 활동과 기분 간의 관계를 확인해본다.

예로 든 주간활동 기록표에서 평가한 기분은 우울감으로서 0점부터 100점 사이에서 평가하였으며, 숫자가 클수록 더 우울한 기분을 느꼈음을 의미한다.

◆ 주간활동 기록표의 예

시간	월		화	수	목	금	토	일
7~8	기상	60						
8~9	세수 및 식사 준비	60						
9~10	식사와 휴식	60						
10~11	침대에 누워있기	80						
11~12	침대에 누워있기	70						
12~1	거실 청소	50						
1~2	거실 청소	40						
2~3	점심	50						
3~4	휴식	60						
4~5	쇼핑하기	30						
5~6	쇼핑하기	20						
6~7	저녁 준비	30						
7~8	저녁 식사	30						
8~9	가족과 대화	20						
9~10	TV 시청	30						
10~11	취침	40						

성취감과 즐거움 평정 기법

이번에는 자신이 다양한 활동에 참여할 때에 각 활동에 대해 느끼는 성취감과 즐거움을 평정하는 방법을 배워보자. 성취감이란 특정한 과제를 수행할 때 느끼는 숙련도를 뜻하며, 즐거움은 그 활동을 함으로써 느끼는 유쾌함, 즐거움, 재미를 말한다.

각각 5점 척도로 평정할 수 있으며, 0점은 아무런 성취감이나 즐거움이 없을 때, 5점은 성취감이나 즐거움이 가장 최대일 때를 나타낸다. 이 방법을 통해 더 이상 즐거움이나 성취감을 주지 못하는 활동들은 줄이거나 다른 활동으로 대체시키는 대신, 즐거움이나 성취감을 줄 수 있는 활동을 찾아내어 이를 권장함으로써 우울한 기분을 개선할 수 있다.

한편, 어떤 활동을 성공적으로 해내고도 성취감이나 즐거움이 없다고 평정하는 것은 그 사건에 대한 부정적인 해석과 관련되기 십상이다. 따라서 활동 기록과 각 활동에 대한 성취감 및 즐거움의 평정을 통해 인지적 오류를 찾아내고 수정하는데 필요한 자료를 얻을 수 있다. 이 방법을 활용하기 위해서는 주간활동 기록표의 시간대별로 활동을 기록한 다음에 각 활동에 대한 성취감과 즐거움을 각각 5점 척도에 평정하면 된다.

그 밖에 점진적인 숙제를 부여하여 새롭고 복잡한 숙제예: 집안 청소 및 정돈하기를 설정하도록 한 후 단계별로 나누어서 쉬운

단계예: 설거지하기부터 실행토록 하는 방법이 우울증의 부적응적 행동을 감소시키는 데 효과적이다(원호택 등 공역, 1996).

인지 재구성 기법

우울 증상을 효과적으로 완화하고 조절하기 위한 '인지 재구성'cognitive restructuring 기법은 인지행동치료의 핵심 치료요소 중 하나다. 이 기법은 개인의 우울 증상과 밀접하게 연관되어 있는 부정적인 자동적 사고를 찾아내고, 이를 현실에 비추어 평가하며, 부정적인 자동적 사고를 현실적이고 타당한 사고로 교정하는 데 목적이 있다.

① 자동적 사고 찾기

• **상황, 우울 증상, 생각을 관찰하기**: 우울 증상을 좌우하는 생각자동적 사고을 찾아내기 위해서는 우선 생각 외에도 상황과 우울 증상을 객관적으로 관찰해서 이들을 정확하게 구별하는 것이 중요하다. 이러한 작업은 많은 연습과 훈련이 필요하다. 인지 재구성 기법에 관한 이론 교육만 받고 혼자서 실행하기에는 어려움이 있다는 얘기다. 우울증 삽화 동안의 우울 증상들을 유발하는 자동적 사고를 파악해서 이를 바꾸는 작업을 보다 쉽게 배울 수 있게 해주는 구체적인 기술들을 요약한 것이 '자동적 사고 기록지'다(권정혜 역, 1999).

자동적 사고를 찾는 데 도움이 되는 질문

1. 지금 기분처럼 느끼기 직전 어떤 생각이 떠올랐는가?
2. 이것이 사실이라면 나의 어떤 점을 말해주는가?
3. 이것은 나 자신이나 내 삶 혹은 내 미래가 어떻다는 것을 뜻하는가?
4. 나는 어떤 일이 일어날까봐 걱정하는가?
5. 이것이 사실일 때 일어날 수 있는 최악의 사태는 어떤 것인가?
6. 이것은 남(들)이 나에 대해 어떻게 느낀다는 것을 말해주는가?
7. 이것은 남(들) 혹은 사람들이 일반적으로 어떻다는 것을 말해주는가?
8. 이 상황에서 어떤 심상이나 기억이 떠오르는가?

출처: 권정혜 역(1999).

자동적 사고 기록지의 첫 번째인 '상황' 칸에는 상황을 구체적으로 적는다. 두 번째인 '우울 증상' 칸에는 자신이 적어놓은 상황에서 겪은 우울 증상을 적고, 각 증상별로 100점 척도상에 강도를 평가해서 기록한다. 제1장에서 소개했듯이, 우울 증상에는 기분뿐 아니라 행동, 신체적 반응증상 등이 있다. 일반적으로 기분과 신체 증상은 1~2개의 단어로 표현이 가능하다예: 실망스럽다 90점, 잠을 못 잠 85점. 어떤 상황에서든지 우울 증상을 2개 이상 동시에 경험할 수 있는데, 이럴 경우 자신이 경

◆ **자동적 사고 기록지의 예**

1. 상황	2. 우울 증상	3. 자동적 사고(심상)	4. 생생한 사고를 지지하는 증거	5. 생생한 사고를 지지하지 않는 증거	6. 새로운 관점/ 융통성 있는 사고	7. 우울 증상 재평가하기
누가 무엇을 언제 어디서	a. 어떤 기분을 느꼈는가? b. 각 기분을 점수로 평가해보라(0~100점).	a. 이런 기분을 느끼기 직전 어떤 생각이 떠올랐는가? 떠오른 생각이 또 있는가? 떠오른 심상은? b. 생생한 사고에 동그라미를 쳐보자.			a. 새로운 관점 혹은 융통성 있는 사고를 적어보라. b. 각각의 새로운 관점 혹은 융통성 있는 사고를 얼마나 믿는지 점수로 평가해보라(0~100점).	2번 칸의 우울 증상을 재평가해보고, 새로운 기분이나 상태를 경험하게 되었다면 그것도 평가해보라(0~100점).

험한 증상을 모두 적고, 각각에 대해 100점 척도를 사용하여 평가해야 한다.

세 번째인 '자동적 사고' 칸에는 기록하는 상황에서 머릿속에 스쳐지나간 생각을 전부 적는다. 이때는 그 상황에서 실제로 떠올랐던 생각만 기록해야 한다. 이 생각은 단어로 표현되는 언어적인 경우도 있고, 심상으로 표현되는 시각적인 경우도 있다. 치료 초기에는 흔히 자동적 사고와 기분을 잘 구별하지 못하며, 특히 자동적 사고를 포착하는 것을 매우 힘들어하는 내담자들이 많다. 자동적 사고와 기분을 구별하기 위해서는 이 장의 앞부분을 다시 읽어보기 바란다.

• **생생한 사고 찾기**: 개인이 경험하는 증상, 특히 기분과 강하게 연결되어 있는 자동적 사고가 '생생한 사고'다. 우울증의 경우 바로 이러한 사고가 우울한 기분 등 우울 증상을 크게 좌우하므로, 우울 증상을 개선하기 위해서는 생생한 사고를 파악하고 검토해서 변화시키는 것이 중요하다.

생생한 사고를 찾기 위해서는 우선 자신이 불편하게 느낀 상황을 기술한 다음 그때 경험한 증상들을 파악하여 각각에 대해 강도를 평가하고 점수를 매긴다. 그다음은 자신이 느끼고 있는 슬픔, 분노감 및 실망감 등과 각각 관련되어 있는 자동적 사고들을 찾아내는 단계로서, 앞에서 소개한 질문들을 활용하면 도움이 된다. 마지막으로 자신의 자동적 사고들 중에서 가장 생생한 것, 즉 기분이 가장 많이 함축되어 있는 생각을 알아내는 단계다. 각각의 생각이 자신을 얼마나 슬프게 하고 화나게 하며, 실망시키는지를 살펴본 후 생생한 사고를 선정한다.

이와 같이 강한 부정적인 기분이 들 때 그 순간을 놓치지 않고 여러 질문을 자신에게 던져 보다 많은 생생한 사고를 찾아낸다면 자신의 기분이나 다른 증상들을 매우 효과적으로 개선할 수 있다.

② 자동적 사고 평가하기

우울한 기분 등 우울 증상과 밀접하게 연관되어 있는 자동적 사고를 찾아낸 다음에는 과연 그러한 사고 내용이 그 상황에 대한 현실적이며 타당한 해석인지를 평가하는 일이 중요하다. 흔히 우울 증상과 연관된 자동적 사고들에는 인지적 오류가 포함되어 있다.

• 인지적 오류 확인하기: 자동적 사고를 평가하는 한 가지 방법은 각 자동적 사고에 인지적 오류가 있는지, 있다면 어떤 오류가 포함되어 있는지를 찾아보는 것이다. 이를 위해서 인지적 오류를 수록한 목록을 만들어 자신의 자동적 사고에 어떤

오류가 포함되어 있는지를 확인해볼 수 있다. 인지적 오류를 찾는 과정에서는 한 가지 자동적 사고에 여러 가지 인지적 오류가 함께 나타날 수 있다. 다른 기법과 마찬가지로, 자동적 사고에 어떤 인지적 오류가 나타나는지는 금방 배울 수 있는 것이 아니다. 따라서 반복적인 연습이 필요하다.

자동적 사고를 평가하는 두 번째 방법은 다음 절에서 소개하는 '지지 증거와 반대 증거 찾기'를 활용하는 것이다. 이 방법은 인지적 오류가 있는 것으로 확인된 잘못된 자동적 사고를 교정하는 작업에 곧바로 연결되기 때문에 다음 절에서 소개하겠다.

◆ 자동적 사고의 인지적 오류 찾기의 예

자동적 사고	인지적 오류
남편은 내가 뭘 원하는지조차 모른다.	
그는 항상 내 기분을 망치는 말만 한다.	
그에게서 멋있는 점이라고는 찾아볼 수가 없다.	
그는 나를 무시하고 있다. 그것은 내가 여성으로서 매력이 없다는 뜻이다.	
남편은 정말 날 사랑하지 않는다.	

③ 잘못된 자동적 사고 바꾸기

이제부터 할 일은 자신의 자동적 사고에서 나타나는 인지적 오류를 바로잡아 이를 현실적이고 타당하며 융통성 있는 생각으로 바꾸는 작업이다.

• **적절한 치료적 질문 던지기**: 인지행동치료에서 인지적 오류가 포함되어 있는 자동적 사고를 바로잡기 위해 사용하는 방법은 그 자동적 사고에 대해 직접적으로 논박을 하는 것이 아니라 그런 사고의 현실성과 타당성에 대해 치료자든 스스로든 의문을 제기하는 것이다. 이와 같이 잘못된 자동적 사고의 타당성에 의문을 제기한 후 그 사고를 바로잡는 과정은 소크라테스의 문답법과 비슷하다고 해서 '소크라테스적 방법'이라고 한다. 이런 목적을 위해 주로 사용되는 대표적인 치료적 질문은 다음과 같다.

- 그렇게 생각한 근거는 무엇인가?
- 반드시 그렇게 생각할 수밖에 없는가? 그 상황을 다르게 생각 또는 해석해볼 수는 없는가?
- 만약 그런 일이 일어난다면 과연 그 일이 가져올 최악의 결과는 무엇인가? 설혹 그 해석이 옳다고 하면 과연 그 해석 내용은 무엇을 의미하는가?

◆ 인지적 오류별로 적절한 치료적 질문

인지적 오류	치료적 질문
흑백논리	• 그 결과(사람)에 대해 몇 점을 줄 수 있을까?
제멋대로 결론내리기 (상대방 마음 읽기, 지레짐작하기)	• 정말로 그럴까? • 그렇게 생각할 만한 객관적인 근거가 있는가?
선택적 추상화	• 그런 면 외에 다르게 생각해볼 수 있는 점은 없을까?
자기와 관련짓기	• 다른 이유는 없을까?
강박적 의무감	• 조금 못하면 어떻게 될까? • 그렇게 했을 때 결과가 더 좋았는가? • 그런 식으로 행동했을 때 잃어버릴 수 있는 손해와 얻을 수 있는 이익은 각각 얼마나 될까? • 남이 내 경우라면 나는 그 사람에게 뭐라고 했을까?
과장(확대해석)하기	• 과연 그럴까? 다르게 생각해볼 수는 없을까? • 실제로 어떤 결과가 있을 수 있을까? • 그 상황에서 일어날 수 있는 최악의 결과는 무엇일까? • 실제로 그런 결과가 일어날 가능성이 있는가? 있다면 얼마나 될까?
축소(과소평가)하기	• 남들이 내 경우라면 무엇이라고 할까?
과잉일반화	• 그렇게 결론을 내릴 만한 근거가 무엇인가?
잘못된 이름 붙이기	• 그 결과를 다르게 볼 수는 없을까? • 남들이 내 경우라면 무엇이라고 할까?

• 대안적인 해석 탐색해보기: 이 방법은 어떤 주어진 결과에 대해 특정 개인이 실제보다 자신에게 더 많은 책임이 있다고 평가함으로써 심한 죄책감을 느낄 때 적용해볼 수 있는 것으로, 일명 '책임 파이'를 만들어보는 방법이다. 이 방법을 사용하기 위해서는 먼저 죄책감을 느끼는 상황에 관련된 사람과 측면들원인 제공자을 모두 열거한다. 물론 이 목록에는 자신도 포함시켜야 한다. 그런 다음 파이원를 그리고, 각 원인 제공자의 상대적 책임을 평가해서 책임의 크기만큼 파이에 그려넣는다. 이때 자신의 책임은 가장 나중에 그려넣는다. 그래야 자신에게 지나치게 많은 책임을 너무 일찍 부과하는 것을 피할 수 있다.

이해를 돕기 위하여, 친정아버지가 화병에 걸렸다는 소식을 듣고 모든 것이 자기 때문에 일어난 일이라고 여기며 심한 죄책감에 빠져 있던 김 씨에게 이 기법을 적용한 결과를 그림으로 제시해놓았다.

• 지지 증거와 반대 증거 찾기: 우울한 기분과 가장 밀접하게 연관된 자동적 사고, 즉 생생한 사고를 지지하는 증거와 반대하는 증거를 찾아보는 방법은 생생한 사고의 현실성과 타당성을 평가하고 이를 바꾸는 데 매우 효과적이다. 이 방법은 간단하게 "그 증거가 어디에 있나?"라는 질문으로 요약될 수 있다.

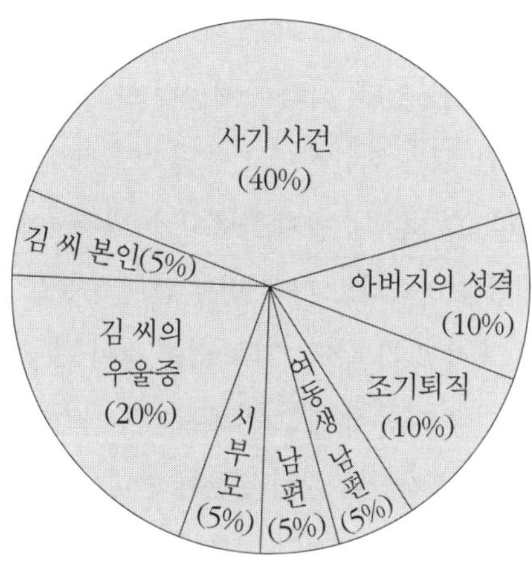

〈김 씨 아버지의 화병에 대한 책임〉

지지 증거와 반대 증거는 자동적 사고 기록지의 네 번째 칸과 다섯 번째 칸에 기록하게 되어 있다.

증거와 관련된 이 2가지 칸을 채워넣을 때 자신의 생생한 사고를 객관적 사실로 여기지 말고 하나의 가설이나 추측으로 간주하면 도움이 된다. 자신의 생생한 사고가 사실이라는 확신이 들더라도 이러한 확신을 일시적으로 유보하고 그 사고를 일종의 가설이라고 여기면 자신이 내린 결론을 지지하는 증거와 반대하는 증거를 찾기가 보다 쉬워질 것이다.

자동적 사고 기록지의 '증거' 칸에 있는 정보는 객관적인 자료나 사실들이어야 한다. 그러나 이 칸을 처음 작성할 때나 작성하는 것이 익숙지 않을 때는 객관적인 사실과 주관적인 해석을 혼동할 수도 있다. 따라서 자동적 사고 증거 칸을 채워 넣는 연습을 할 때는 객관적이고 중립적인 자세를 지니도록 노력해야 한다. 그러나 네 번째 칸에 다소 객관적이지 않은 증거가 포함되었다 하더라도 다섯 번째 칸에 충분한 증거를 써넣기만 하면 그 사고 기록지는 가치 있는 것이 된다.

다섯 번째 칸은 자동적 사고 기록지에서 가장 중요한 부분이다. 이 부분에서 자신이 내린 결론에 반대되는 정보를 탐색하기 때문이다. 어떤 부정적인 기분에 깊이 빠져버리면 자신의 생각이나 믿음이 항상 옳은 것은 아니라는 증거를 찾아내기가 어렵다. 그러나 자신이 내린 결론을 지지하는 증거와 반대하는 증거를 살펴보는 일은 부정적인 기분을 개선하는 중요한 열쇠가 될 수 있다. 더 나아가 자신의 생생한 사고가 모두 맞지는 않다는 것을 보여주는 증거들이 있다면 단지 그런 것이 있다고 생각만 할 게 아니라 모두 직접 써보는 것이 도움이 된다.

• **새로운 관점이나 융통성 있는 사고로 바꾸기:** 생생한 사고를 지지하는 증거와 반대하는 증거를 전부 모은 후에는 이 정보들을 모두 설명할 수 있는 새로운 관점으로 사고하는 것이 바람직하다. 새로운 관점을 얼마나 믿을 수 있는지 또는 그런 관

점에 얼마나 확신을 갖는지 점수를 매겨놓으면 수집해놓은 부가적인 증거가 어느 정도나 신뢰할 만한 해석이 될 수 있는지 판단하는 데 도움이 된다. 확신도에 따라 기분의 변화량이 달라지기 때문에 새로운 관점에 대한 자기 자신의 확신도를 평정하는 것 역시 중요한 부분이다.

이처럼 이전과 완전히 다른 새로운 관점으로 바꾸는 경우가 있는가 하면, 열거한 증거가 관점을 완전하게 바꾸어놓지 않는 경우도 있다. 그렇지만 어떤 상황에 대해 새로운 관점을 가지게 되면 그 관점이 완전히 달라지기보다는 더욱 융통성 있는 관점으로 바뀌는 경우가 많다.

이런 융통성 있는 사고를 하려면, 자동적 사고 기록지의 네 번째 칸을 요약한 문장과 다섯 번째 칸을 요약한 문장을 쓴 다음, 필요에 따라 이 두 문장을 '그리고'를 사용하여 하나로 연결하면 된다. 예를 들어보자. 원래 "나는 여성으로서 매력이 없다"라고 결론을 내렸던 김 씨는 증거들을 모은 후에 "내가 미스코리아가 될 정도로 외모가 썩 뛰어난 것은 아니지만 그런대로 예쁘다는 평을 듣는 편이다"라고 보다 융통성 있는 사고를 하게 된다. 이러한 사고 내용은 "나는 여성으로서 매력이 없다"라는 원래의 결론과 비교해볼 때, 여성으로서의 매력 전체에 대한 보다 융통성 있는 사고라고 할 수 있다.

만약 생생한 사고가 사실로 판명 날 경우에는 어떻게 해야 할까? 이럴 경우에는 "그것이 사실이라면, 발생 가능한 최악의 사태는 어떤 것일까?" "그럴 경우 발생 가능한 최선의 상황은 어떤 것일까?" "그럴 경우 발생할 수 있는 가장 현실적인 결과는 무엇일까?" 등의 질문을 통해 상황을 보다 넓은 관점에서 해석할 수 있다.

여섯 번째 칸에 쓰는 새로운 관점이나 융통성 있는 사고는 모두 네 번째와 다섯 번째 칸에서 요약했던 증거들과 일치해야 한다. 특히 융통성 있는 사고는 부정적인 정보와 긍정적인 정보를 모두 고려하는 사고방식이다. 즉, 내가 얻을 수 있는 모든 정보를 살펴보고 그 의미를 이해하려는 시도다. 부가적인 정보를 얻거나 보다 넓은 관점에서 바라보면 상황을 해석하는 방식이 달라질 수 있다.

실험과 행동계획 세우기

자동적 사고 기록지를 작성해서 새로운 관점이나 융통성 있는 사고를 개발하는 일은 마치 새로운 언어를 익히는 것과 비슷하다. 새로운 언어와 마찬가지로 새로운 생각은 어색해보이고 자연스럽게 흘러나오지 않는다. 많은 노력을 통해 습관화가 된 다음에야 보다 익숙하게 할 수 있다. 다음은 행동실험을 어떻게 계획하는지에 대한 훌륭한 지침이다(권정혜 역, 1999).

- 행동실험은 몇 개의 작은 단계로 나뉜다. 작은 단계의 실험들은 훨씬 수행하기가 쉽고, 작은 단계에서 배운 것은 좀 더 큰 단계의 실험을 하는 데 도움을 줄 수 있다.
- 우리가 새로운 관점을 보다 확고하게 믿기 위해서는 수많은 실험을 할 필요가 있다.
- 실험의 취지는 새로운 어떤 것을 시행해볼 때 실제로 어떤 일이 일어날지 알아보기 위해서다. 우리가 기대한 대로 실험 결과가 나오지 않을 때는 실험을 중지하기보다는 문제를 새롭게 해결해야 한다.
- 실험과 그 결과를 실제로 적어보면 실험으로부터 더 확실하게 배울 수 있게 된다.

(4) 조증 삽화의 인지행동치료

우울증 삽화든 조증 삽화든 인지행동치료의 기본 원리는 동일하지만, 삽화의 종류에 따라 유의할 사항과 세부적인 절차는 다소 차이가 있다(Basco & Rush, 1996). 인지행동치료를 조증 삽화에 적용할 때 유의할 사항과 기본적인 방법을 살펴보자.

인지 변화 다루기

(경)조증 삽화에서 나타나는 인지적 변화들을 다루기 위한

인지행동치료는 환자들로 하여금 (경)조증 삽화의 시작을 알리는 "긍정적으로 편향되거나" 또는 과민하게 만드는 그들의 사고를 모니터하도록 훈련시키는 것과 인지적 증상들을 조절하고 조직화하는 방법들을 적용하는 데 그 목적이 있다. 구체적으로 말해, 조기에 적절한 치료적 조치를 취하기 위해 미묘한 인지적 변화를 조기에 탐지하도록 하고, 편집증적 또는 과대적 사고와 같은 역기능적 사고들을 재구성하며, 자기 스스로 자극하는 활동들을 제한하기 위한 시도로 생각 또는 계획을 조직화하고자 한다.

앞에서 소개한 우울증 삽화에 대한 여러 인지적 및 행동적 기법은 조증과 관련된 인지를 다루는 데도 사용된다. 그중에서도 특히 인지 재구성 기법과 목표 설정하기 기법이 주로 사용된다.

미묘한 인지적 변화를 조기에 탐지하기

조증, 경조증 또는 혼재성 삽화들은 보통 며칠부터 일주일에 걸쳐 나타나는데, 특히 조증 삽화 시 환자 혼자서는 효과적으로 개입하기 어려울 수 있다. 어떤 환자는 조증 또는 경조증 삽화로 증상이 진전될 때 보이는 전형적인 순서가 있다. 예를 들면, 잠이 오지 않는 것에서 시작하여 성적 관심의 증가와 지나친 행복감으로 진전된다. 이러한 순서를 파악하는 것은 조기에 적절한 조치를 취하는 데 있어 결정적인 단계다. 환자들은 가족이나 가까운 사람들의 도움을 통해 조증 또는 경조증이 재발하는 순간을 더 잘 파악할 수 있다.

경조증 삽화 시 나타나는 인지적 변화를 보고 처음에는 "좋은 하루"라는 식으로 잘못 받아들이기 쉽다. 기분삽화인지 또는 정상적인 상태인지를 구분하기가 애매하거나 불확실할 경우에는 증상 요약지나 기분 그래프 작성법을 활용하면 도움이 된다.

역기능적 사고를 평가하고 변화시키기

조증 또는 경조증 삽화 시 보이는 인지적 증상에는 낙관주의와 과대적 사고의 증가, 편집증, 사고 유창성의 증가, 지각의 변화, 주의산만성, 사고의 비약과 와해된 사고 등이 있다. 바스코와 러쉬(1996)는 특히 경조증 또는 조증 삽화의 초기에 흔히 나타나는 인지적 증상들에 내포되어 있는 여러 가지 독특한 사고 내용을 제시하였다. 이를테면, "그들이 나를 원한다" "그들은 너무 천천히 움직인다" "최고 위치로 직접 가는 것이 최선이다" "약간의 유머는 결코 상처가 되지 않는다" "그들은 내 생각을 매우 좋아한다" "모든 사람이 다 장애물이다" "나는 약이 필요없다" "누구보다도 내가 가장 잘 안다" "오늘 인생을 즐겨라. 그러면 내일은 더 좋아질 것이다" 등이다.

이러한 사고 내용들에서 나타나듯이, 조증 또는 경조증 삽화 시의 인지적 증상에는 대체로 자신에게 긍정적이고 남들에 대해서는 평가절하하거나 편집증적인 방향으로 편향된 자동적 사고를 보이는 것이 발견된다. 자신에게는 그 내용들이 그럴듯해 보이며, 반론과 반대 증거에 의해서도 잘 변화되지 않는 특징이 있다.

낙관적 및 과대적 사고의 증가

이러한 사고가 망상으로 발전하기 전에 인지 재구성 기법을 적용해야 효과가 있다. 망상적 사고가 시작되기 전에는 환자가 논리적으로 추리하며, 자신의 사고 과정을 객관적으로 살펴보고 평가할 수 있는 능력을 아직 발휘할 수 있기 때문이다. 낙관적 사고 또는 계획에 의문을 제기하는 것은 환자들을 모욕하거나 그들의 생각을 무효로 만드는 시도로 받아들여질 위험이 있기 때문에 치료자나 가족은 신중을 기해서 사용해야 한다. 어떤 환자는 자신의 "유쾌한 기분"을 다른 사람들이 의심하는 것에 대해 분개할 수 있다. 이런 경우에 대비해서 가족은 환자의 기분이 크게 상하지 않게 하면서도 우려하는 마음을 표하고 적절한 예방적 조치를 취할 수 있는 방식을 미리 익혀야 한다.

인지적 변화를 위한 기법들을 효과적으로 적용하기 위해서는 치료 초기에 치료의 목적을 환자들에게 잘 이해시킬 필요가 있다. 그렇게 하여 환자들이 준비되었을 경우에 자동적 사고의 타당도를 평가하는 방법들을 교육시켜 이를 스스로 적용해보도록 안내한다.

다른 한 가지 방법으로는 자신의 새로운 계획대로 실행할 경우와 그렇지 않을 경우의 이점 및 단점을 객관적으로 비교해보는 손익비교법이 있다.

편집증

과대적 사고가 시작된 후 곧바로 혹은 이런 사고와 함께 편집증적 사고가 나타나는 일은 드물지 않다. 이런 내용의 사고는 '자동적 사고 기록지'에 요약된 인지 재구성 기법들을 체계적으로 적용함으로써 변화시킬 수 있다.

편집증적 사고가 나타날 경우 스스로 그 당시 느끼는 기분 등의 증상을 파악해서 강도를 평정하고, 이러한 기분을 유발하는 데 기여한 상황을 구체적으로 기술하며, 해당되는 사고들을 잘 포착해서 적는다. 그중에 가장 생생한 사고를 선정한 후 그 내용을 지지하는 증거들과 반대하는 증거들을 함께 수집해서 기록한다. 이렇게 수집된 증거들을 모두 포괄할 수 있는 새롭고 융통성 있는 사고를 산출해서 이전에 느낀 기분이나 증상을 재평정한다. 이렇게 진행되는 인지 재구성 기법이 효과가 있으려면 스스로가 자신의 인지적 오류를 논리적이고 객관적으로 평가할 수 있어야 한다. 특히 그 순간에 느껴지는 자신의 기분과 생각으로부터 한발 물러서서 보다 침착하고 객관적인 자세로 그 문제를 바라볼 수 있어야만 한다.

지각적 변화

조증 또는 경조증 삽화 초기에는 색깔, 맛, 소리 또는 촉감 등에 대한 자각이나 민감도가 더 증가되었다고 보고하는 사람들이 있다. 이러한 지각적 변화들은 증상들을 더 철저하게 모니터하기 위한 단서와 개인의 수면을 정상화시키고 활동을 제한하는 데 필요한 어떤 행동적 변화를 꾀하기 위한 단서로 사용될 수 있다. 이런 변화들이 특정한 인지적 오류와 연관되어 있지 않을 경우에는 일반적으로 인지 재구성 기법을 적용하지 않는다.

인지적 증상들을 다루기 위한 행동 기법

사고 유창성의 증가

경조증과 조증 삽화 시에는 사고 활동이 증가함으로써 새로운 생각과 관심사들이 계속 쏟아져 나온다. 이러한 사고 활동의 증가는 그 자체로 문제를 만드는 역할을 하기 때문에 이로 인해 조증의 출현을 재촉하게 된다. 이럴 경우 치료 목표는 생각들을 조직화하고 한계를 설정함으로써 활동을 제한하는 데 있다. 이를 위해서 목표 설정하기 방법과 점진적으로 과제 부여하기 기법 등이 적용될 수 있다.

목표 설정하기는 환자들의 생각, 관심사와 활동들을 조직화하고 한계를 설정하기 위하여 사용된다. 〈목표 설정하기 용지〉의 첫 번째 칸에는 현재의 활동, 책임감 및 관심사뿐 아니라 미래의 계획들을 순서에 상관없이 적는다. 두 번째 칸에는 특정 활동또는 관심사이 예상되는 날짜 또는 마감기한을 적는다. 어떤 활동이 현재 진행 중이라면 여기에 간단히 메모한다.

다음은 가장 순위가 높은 과제에 자신의 노력을 집중하기 위해서 활동들을 조직화하는 단계다. 이를 위해서 각 활동별로 우선순위를 정해야 한다. 각 활동별로 우선순위에 따라 고·중·저로 평정하여 같은 순위로 매겨진 활동별로 서열을 매긴다. 이런 과정을 거쳐 목표를 설정하고 다음주에 시도할 과제를 합리적인 수만큼 선정한다. 이와 같이 활동을 계획하고 우선순위를 정하게 되면 다음 과제를 시도하기 전에 스스로 각 주어진 과제를 완성하도록 노력해야 한다.

◆ **목표 설정하기 용지**

현재의 활동, 책임감, 관심사	마감 기한	우선순위	서열
		고 중 저	
		고 중 저	
		고 중 저	
		고 중 저	
		고 중 저	
		고 중 저	
		고 중 저	
		고 중 저	
		고 중 저	
		고 중 저	
		고 중 저	
		고 중 저	
		고 중 저	
		고 중 저	

점진적인 과제 부여하기 방법 역시 활동을 제한하기 위해서 사용될 수 있다. 생각과 계획 및 관심사를 적은 목록을 매일 또는 주별 활동 계획으로 환원한다. 해당 주에서 우선순위가 높은 활동들은 '가'에, 그보다 낮은 순위의 활동들은 '나'에 적어놓는다. 경조증 상태에 있는 환자들은 대체로 각 항목에 너무 많은 것을 적으려는 경향이 있다. 각 주별 활동들을

위해 계획을 세울 때에는 가정, 직장 및 사회에서 통상적으로 맡은 책임을 다하는 데에 드는 시간들이 고려되어야 한다. 활동을 제한하기 위해서는 '나' 항목들을 실행하기 전에 '가' 항목들을 먼저 완성하도록 해야 한다. 이 과정에서 더 많은 활동들을 성급하게 먼저 하려 하거나 추가하려고 하는 충동을 억제하지 못한다면, 이는 증상이 악화되고 있다는 신호이므로 약물치료를 더 적극적으로 적용해야 한다.

목표 설정하기 및 점진적으로 과제 부여하기 방법이 성공하기 위한 열쇠는 새로운 계획을 시작하기 전에 우선적인 과제를 먼저 완성하는 데 있다.

주의산만, 잇따른 사고 및 조리 없는 사고

사고 속도의 증가는 때로 환경적 또는 정신적 자극의 양을 감소시킴으로써 조절할 수 있다. 이를테면, 근육이완법을 사용하거나 물리적 환경을 바꾸는 것이다. 물리적 환경을 바꾸는 활동으로는 산책하기, 전화 연락 끊기, 혼자 시간 보내기, 라디오나 텔레비전의 볼륨 줄이기 등이 있다. 이렇게 외부의 소음을 줄이면 내부의 소음도 감소할 수 있다. 어떤 사람에게는 "천천히 진행하라"는 식의 자기말self-talk이 효과적이다. 또는 스스로 자신의 생각들을 억지로 기록함으로써 사고 과정을 늦출 수 있다.

어떤 사람은 사고가 연달아 일어나는 증상과 초조감을 경험하는 경우 증상을 조절하기 위하여 알코올 혹은 불법적인 약물을 먹거나, 또는 처방된 약물 특히 항불안제의 용량을 임의로 증량하여 복용하기도 한다. 특히 조증이나 경조증 삽화의 초기와 삽화 동안에는 알코올이나 오용되는 약물을 증량하면 안 된다. 이런 물질들은 때로 일시적으로 위안을 가져다주지만 결국에는 수면주기를 깨뜨리고, 기분삽화를 촉진시키며, 조증 또는 경조증 증상들을 더욱 악화시키고, 삽화를 더 연장하며, 처방된 약물의 혈중 농도를 변경시킬 수 있다.

인지 재구성 기법을 적용하려면 집중력과 정신적 조직력이 필요하기 때문에 조리 없는 사고에는 대개 이 기법을 적용하지 못한다. 일반적으로 이런 증상이 심해지면 약물치료가 필요하다.

행동 변화 다루기

조증의 지표는 이 삽화 동안에 일어나는 두드러진 행동 변화다. 조증의 행동 변화가 흔히 극적이고 쉽게 확인된다는 사실은 그러한 행동 변화를 조증 발병의 탁월한 신호로 생각하게 만든다. 일단 어떤 환자가 만개된 조증 삽화 상태에 있다면 인지행동치료는 유용성이 줄어들기 때문에 조증 삽화를 조기에 인식하는 것이 필수적이다.

경조증의 행동적 증상들을 다루기 위한 인지행동치료는 만개된 조증 삽화를 사전에 막기 위한 수단으로서 행동적 변화에 대한 통제를 주장한다. 이 치료의 목적은 환자들로 하여금 그들의 활동 수준의 기복을 경조증 또는 조증 발병의 단서로서 사용하도록 교육하는 것과, 증가된 그러면서도 와해된 활동을 제한하거나 막기 위한 방법을 가르쳐주는 데 있다.

관심사, 아이디어와 활동의 증가

조증으로 인해 자신감이 지나치게 증가하는 현상과 함께 새로운 아이디어와 계획이 많아지는 것은 그 자체로 조증을 영속화하고 가속화할 수 있는 활동의 주기를 만든다. 조증과 관련된 활동의 증가는 보통 이 기분삽화의 경과에 따라 천천히 시작되기 때문에 조증 발병의 한 지표로 간주될 수 있다. 이때는 기분 그래프를 작성함으로써 아이디어의 증가가 활동 증가와 지나칠 정도의 흥분 상태로 진전되는 것을 탐지할 수 있다.

기분 그래프상 관심과 활동 수준에 대한 탐지를 시작하는 시간은 경조증이 의심되는 경우다. 조증을 경험할 가능성이 가장 높은 시기를 잘 아는 환자들은 이러한 취약한 시기가 시작되기 적어도 한 달 전에 기분과 활동을 그래프로 그리기 시작할 수 있다. 이러한 접근을 통해 조증으로 발전하는 전 단계임을 나타내는 기분, 활동 수준 및 관심사의 변화를 파악할 수 있다. 조증에 이르기 전에 이러한 변화를 파악할 수 있다면 흥분 수준의 증가를 어느 정도 막을 수 있으며 약물적인 조치를 강화할 수 있다.

이 시점에서 하는 치료적 조치의 목적은 조증으로 발전하는 환자들이 그들 자신의 많은 아이디어로부터 제한된 수의 활동을 선택하게 함으로써 성공 확률이 가장 높고 부정적인 결과의 확률이 가장 낮은 활동을 추구하도록 하는 데 있다. 이를 위하여 앞에서 소개한 목표 설정하기 방법을 적용하면 효과적이다.

수면장애

필자의 임상 경험으로 볼 때, 수면장애 또는 수면부족은 양극성 장애가 있는 사람들에게 조증 또는 우울증을 유발할 수 있다. 실제로 수면부족 또는 불면증에 의해 조증이 유발된다고 주장한 학자들도 있다. 연구에 따르면, 개인의 내부적 또는 외부적 자극으로 인해 수면이 상실되었을 때 우울증이나 정상 상태가 조증으로 변화될 수 있다고 한다.

비약물학적 수면장애 대처법

수면장애에 대한 최선의 방법은 예방이다. 그 열쇠는 정상

수면 유도에 도움이 되는 방법

1. 매일 같은 시간에 일어난다.
2. 침대에 누워있는 시간을 수면장애 전의 수준으로 제한한다.
3. 침대에 누워 30분 이내에 잠들지 않으면 일어나서 잡념을 분산시킬 수 있는 활동을 한다. 이에 더해, 밤에는 가능한 한 잡념과 걱정을 꺼버린다.
4. 중추신경계 작용 약물(카페인, 니코틴, 알코올, 흥분제 등)을 중단한다.
5. 낮잠은 피한다.
6. 하루 일과의 이른 시간에 점차적인 격렬한 운동 프로그램으로 신체를 단련한다.
7. 초저녁 흥분을 피한다. 예를 들면, TV를 보는 대신 수면에 도움을 줄 수 있는 음악을 듣거나 편안한 독서로 바꾼다.
8. 잠자리에 들기 전에 체온을 올릴 수 있도록 따뜻한 물로 20분 정도 목욕을 한다.
9. 매일 일정한 시간에 먹고, 잠자기 전에 많은 음식을 먹지 않는다.
10. 초저녁에 점차적인 근육이완, 심호흡 또는 명상과 같은 이완법을 실시한다.
11. 편안한 수면 상태를 유지한다.

출처: 대한신경정신의학회(1998).

적인 수면 패턴이 방해받을 가능성이 있을 때를 예견하는 것과, 잠자는 시간의 길이를 변화시키지 않도록 하는 어떤 조치를 준비하거나, 또는 적어도 수면장애를 경험하는 날을 제한하는 것이다.

때로 수면 패턴의 변화는 예상할 수 있다. 자신의 의도에 의해 그렇게 되는 경우예: 중요한 일이 있어 평소보다 늦게 자고 일찍 일어남가 있는가 하면, 이러한 변화가 예상되기는 하지만 자신의 통제 범위를 벗어나는 경우예: 시간대가 다른 곳으로 해외여행을 감, 밤에 잠을 안 자고 보채는 갓난아기를 돌봄도 있다. 예측 가능성이 더 적으면서도 통제할 수 없고 수면을 방해하는 경우예: 천둥번개, 신체 질환 또는 악몽 등도 있다.

약물학적 수면장애 대처법

불면증은 주요우울증, 조증, 경조증 삽화의 발병을 알리는 증상 가운데 하나로 알려져 있다. 따라서 이 증상은 양극성 장애 환자를 관리하는 데 있어 주의 깊게 추적해야 하는 증후 또는 증상이다. 수면 시작 시의 불면은 조증 또는 혼재성 양상의 발병을 흔히 신호하는 반면, 수면 중간에 깨는 중기 불면 또는 아침 일찍 깨고 평소 기상시간보다 1시간 이상 일찍 일어나는 말기 불면은 흔히 주요우울증 삽화를 예고한다. 이에 더해 수면과다는 주요우울증의 발병을 예고한다.

수면장애에 대한 통상적인 치료법은 항조증 약물, 항경련제, 항우울제 등의 양극성 장애를 위한 약물치료제다. 때로 짧은 시간 동안 수면제를 복용할 수도 있다. 그렇지만 수면과다를 약물로 치료하는 것은 적절치 않다.

조증의 행동적 문제들

자극 과민성과 공격성

환자들이 자극 과민성과 공격성을 보일 경우 가족은 그것을 조증의 한 가지 증상으로 인식하고 다루는 방법을 배워야 한다. 다른 추가 증상이 더 있을 경우 이는 조증 초기 상태에 있다는 것을 시사한다. 자극 과민성이 유일한 조증 증상이라면 기분 그래프 작성법이 모니터에 도움이 된다. 그리고 처방된 약물을 규칙적으로 복용하고 있는지를 확인해야 한다. 만약 그렇지 않다면 함께 의논해서 적절한 약물을 다시 시작하고 그 효과를 모니터한다.

자극 과민성을 다루는 또 다른 방법은 수면 패턴을 개선하는 것이다. 집 안에서의 스트레스가 환자의 수면장애를 악화시키고 있다면 가족 문제를 먼저 해결해야 한다. 이 방법은 환자의 자극 과민성을 초래하고 있는 갈등의 주기에 가족이 주의를 기울이는 것만큼 간단할 수 있다.

앞서 소개한 방법들 중 어떤 치료적 조치를 도입하든 자극 과민성의 수준을 주도면밀하게 모니터해야 한다. 일반적으로 약물치료가 몇몇 환자를 위한 가장 좋은 최선의 방법일 수도 있지만, 인지행동치료는 대안적 또는 보완적인 방법을 제공한다.

돈 낭비

조증 삽화 동안에 돈 낭비가 심한 환자들의 경우, 언제의 소비가 정상이고 언제가 증상의 일종인지를 결정하는 것이 때로 어렵다. 이 질문에 접근하는 2가지 방식이 있다. 첫째는 소비 그 자체의 성질을 검토하는 것이다. 구입한 물건이 필요한 것이었는가? 어떤 부가적인 소비든 이를 억제할 수 있는가? 지출에 대한 판단력 부족 또는 지출을 통제하는 능력의 결여는 조증의 한 가지 증상일 가능성이 있다.

두 번째 접근은 그 사람이 또 다른 조증 증상을 경험하고 있는지 점검하는 것이다. 과다한 돈 낭비가 조증의 한 증상일 경우, 이 증상은 치료적 조치를 적극적으로 취해야 한다는 점을 알리는 단서로 사용될 수 있다. 이것은 치료자를 접촉하고, 흥분을 제한하며, 돈 쓰는 것에 대해 몇 가지 제약을 가하는 조치를 의미한다. 예를 들어, 구매할 물건을 24시간 연기해서 하루가 지난 다음에도 여전히 사는 것이 적절해보인다면 그 물건을 구매하는 '24시간 규칙'을 사용한다. 또는 지출하기 전에 가족이나 친구에게 미리 말하는 방법을 사용하거나, 스스로 예산에 맞추어 돈을 쓰는 방법이 있다.

우울할 때는 쇼핑이 기분을 더 좋게 할 수 있으나, 그러한 위안은 보통 매우 일시적이며 원치 않는 빚이 남게 된다. 쇼핑 중독 상태라고 생각되는 사람들은 신용카드, 수표나 현금 등을 갖고 다니지 않도록 연습하기도 한다. 여하튼 과도한 돈 낭비에 대한 치료적 조치를 정하는 데 있어서는 스스로 한계를 정하도록 격려하는 것이 중요하다.

알코올과 물질남용

조증 삽화에서 알코올은 여러 가지 긍정적인 효과를 일시적으로 줄 수 있기 때문에 매우 유혹적이다. 불행하게도 양극성 장애를 가진 사람 중 많은 경우가 알코올 남용이나 알코올 의존을 겪고 있다. 알코올과 물질남용은 이 책의 치료적 접근의 범위를 벗어나는 특수한 치료법이 요구된다. 또한 알코올과 처방된 약물치료제는 상호작용을 일으킬 수 있으므로 매우 위험하다.

2) 마음챙김에 기초한 심리치료

(1) 마음챙김과 심리치료

마음챙김mindfulness은 현재의 경험을 수용적으로 알아차리는 것을 의미한다(Germer, 2005). 마음챙김의 태도로 자신의 경험을 대한다는 것이 어떤 것일지 다음의 시를 통하여 한번 생각해보도록 하자.

여인숙

인간이라는 존재는 여인숙과 같다.
매일 아침 새로운 손님이 도착한다.

기쁨, 우울함, 부끄러움
그리고 약간의 순간적인 알아차림 등이
예기치 않은 방문객처럼 찾아온다.

그 모두를 환영하고 맞아들이라!
설령 그들이 슬픔의 군중이어서
그대의 집을 난폭하게 쓸어가버리고
가구들을 몽땅 내가더라도,
그렇다 해도 각각의 손님을 존중하며 대우하라.
그들은 어떤 새로운 기쁨을 주기 위해
그대를 청소하는 것인지도 모르니까.

어두운 생각, 부끄러움, 원한.
문에서 이들을 웃으면서 맞으라.
그리고 안으로 초대하라.

누가 오든지 감사하라.
그들은 내세에서 안내자로 온 것이기 때문에.

출처: 이우경, 조선미, 황태연(2006).

마음챙김은 다양한 심리치료적 효과를 가진다고 한다(권석만, 2006). 마음챙김의 주요한 특징은 현재 자신의 경험을 관찰하되 비판단적 · 비평가적 및 수용적 자세로 임한다는 점이다. 이를 통해 정서적 평정과 심리적 자유로움을 줄 수 있다. 이에 마음챙김을 심리치료에 접목하려는 시도들이 있어 왔으며, 만성 통증을 비롯하여 다양한 신체질환 및 심리장애에 효과가 있는 것으로 보고되고 있다.

그중에서 기존의 인지치료에 마음챙김 명상을 통합한 마음챙김에 기초한 인지치료mindfulness-based cognitive therapy, MBCT는 단극성 우울증에 효과가 입증된 치료법이며, 특히 재발성 우울증에 효과가 있었다(Segal, Williams, & Teasdale, 2012). 또한 최근 들어 양극성 장애에도 마음챙김 명상이 활용되고 있으며, 그 치료 효과가 보고되기 시작하는 추세다. 지금까지의 연구 결과들에 의하면 양극성 장애 환자들의 불안 증상을 경감시키는 데 마음챙김 명상이 효과가 있는 것으로 보인다 (Chiesa & Serretti, 2011; Perich, Manicavasagar, Mitchell, Ball, & Hadzi-Pavlovic, 2012; Williams et al., 2008).

(2) 명상 실습

마음챙김을 연습하는 방법에는 여러 가지가 있지만, 이 책에서는 마음챙김 명상 중에서 독자가 스스로 실습해볼 수 있는 몇 가지 명상법을 소개하고자 한다.

호흡에 대한 마음챙김 명상

명상의 기본은 호흡이다. 기분의 변화에 따라 호흡이 어떻게 변하는지 알아차려 본 적이 있는가? 긴장되거나 화가 날 때는 숨이 가빠지고, 흥분하면 호흡이 빨라지며, 행복할 때에는 천천히 심호흡을 하게 된다. 평상시 우리는 자신이 어떻게 숨쉬는지 잊고 산다. 그러나 호흡을 알아차리게 되면, 그것은 우리의 몸과 마음을 이어주는 연결 도구로 활용될 수 있다. 마음챙김 호흡mindful breathing을 연습하는 것은 수용을 숙달하는 방법 중에서 가장 먼저 시도해볼 수 있는 방법이다. 다음의 지시문을 따라 한번 연습해보자.

호흡명상 실습

1. 등이 곧은 의자나 부드러운 마룻바닥에서 엉덩이 밑에 방석이나 낮은 의자를 대고 편안한 자세로 앉으라. 만일 의자를 사용한다면 척추가 자력으로 지탱할 수 있도록 의자에 등을 대지 않는 것이 도움이 된다. 마룻바닥에 앉는다면 무릎을 바닥에 대는 것이 좋다. 방석이나 의자의 높이를 편안하고 잘 고정되도록 조정하라.
2. 등을 똑바로 세우고 위엄 있고 편안한 자세를 취하되, 어깨의 힘을 빼라. 의자에 앉았다면 발을 바닥에 대고 다리는 교차시키지 않으며 어깨 너비로 벌리고, 부드럽게 눈을 감는다.
3. 바닥이나 앉아 있는 곳과 접촉하는 신체에 닿는 촉감이나 압력에 집중함으로써 신체감각을 알아차려보라. 바디 스캔에서 하듯이, 1~2분 정도 신체감각을 탐색하라.
4. 숨을 코로 들이쉬고 코로 내쉬면서 호흡을 함에 따라 아랫배에서 느껴지는 신체감각의 변화 패턴에 주의를 기울이라. 처음 이 연습을 할 때에는 아랫배에 손을 대고 손이 배와 접촉한 곳의 감각 변화를 알아차리는 것이 도움이 될 수 있다. 이런 방식으로 배의 신체감각을 의식하게 되면 손을 떼고 계속해서 배의 감각에 초점을 맞춘다.
5. 숨을 들이쉴 때 복벽이 약간 늘어나고 숨을 내쉴 때 복벽이 부드럽게 줄어드는 감각에 초점을 맞추라. 가능한 한 최선을 다해 아랫배에서 숨을 들이쉬는 전 과정과 내쉬는 전 과정 그리고 한 번 들이쉬고 내쉬는 사이의 호흡이 잠깐 멈추는 순간과 내쉬고 들이쉬는 사이의 호흡이 멈추는 순간의 신체감각의 변화를 알아차려보라.

6. 어떤 방식으로든 호흡을 통제하려고 애쓸 필요는 없다. 단지 숨 쉬는 대로 호흡을 그냥 두라. 가능한 한 최선을 다해 다른 경험에 대해서도 그대로 두라. 교정해야 하거나 특별히 도달해야 할 필요가 있는 상태도 없다. 가능한 한 최선을 다해 경험한 것을 바꾸려 하지 말고 그대로 두라.
7. 조만간 당신의 마음은 아랫배의 호흡에서 벗어나 생각이나 계획, 백일몽, 지나간 일 같은 것으로 떠돌아다닐 것이다. 이런 것은 모두 다 괜찮다. 그것은 단지 마음이 그렇게 하는 것이며, 실수나 실패한 것이 아니다. 주의가 더 이상 호흡에 있지 않다는 것을 알게 되었을 때 조용히 자신에게 축하를 보내라. 당신은 이제 돌아왔고 경험을 다시 한 번 알아차리게 된 것이다! 그리고 아랫배의 신체감각이 변화하는 패턴을 부드럽게 알아차리고, 계속되는 들숨과 날숨에 주의를 기울이려는 의도를 새로이 하라.
8. 그러나 당신은 자주 마음이 돌아다니는 것을 (그리고 이런 일은 반복적으로 일어난다) 알게 될 것이다. 그럴 때마다, 가능한 한 매순간 주의를 부드럽게 호흡으로 되돌리면서 순간의 경험과 재연결시킬 때 자축하고, 들숨과 날숨 때 변화하는 신체감각의 패턴을 알아차려보라.
9. 반복적으로 마음이 돌아다니는 것을 당신의 경험에 인내와 호기심을 가져다주는 기회로 보고 따뜻하게 받아들이라.
10. 매 순간을 알아차리려는 의도를 때때로 환기시키면서, 그리고 마음이 더 이상 배나 호흡에 머물지 않고 돌아다니는 것을 알아차리는 순간마다 호흡을 지금-여기에 연결시키는 닻으로 사용하면서 15분 혹은 그 이상 연습을 계속하라.

출처: 이우경, 조선미, 황태연(2006)에서 일부 수정 보완함.

이 명상에서는 호흡을 통해 현재의 순간에 주의를 집중하는 것이 목표다. 처음에는 여러 가지 다른 생각이 떠오르거나 불편한 감각이 일어나기 마련이고, 호흡에만 주의를 집중하는 것이 쉽지 않을 것이다. 이것이 마음챙김 상태와는 반대되는 마음을 놓친 상태mind wandering이며, 마음챙김 명상을 처음 시도하는 대부분의 사람이 겪는 정상적인 경험이다. 그럴 경우 마음이 다른 데 가 있다는 것을 알아차리고 이를 자연스럽게 받아들이며, 다시 호흡으로 주의를 부드럽게 옮기면 된다. 연습을 하다 보면 이 과정이 분명히 익숙해지면서 몸과 마음이 이완되고 깨닫게 되는 것이 있을 것이다.

정좌명상: 소리와 생각에 대한 마음챙김 명상

마음챙김 명상을 비교적 쉽게 이해할 수 있는 두 번째 방법은 정좌명상의 일종이다. 호흡명상이 어느 정도 익숙해지면 다음의 정좌명상을 통하여 소리와 생각에 주의를 옮겨보자.

무언가에 집착하거나 무언가를 피하고자 할 때 우리의 마음은 지금-여기에 있지 못한다. 부정적 감정이 들거나 스트레스 상황에 처하게 될 때에도 무언가에 집착하거나 피하려고 노력함으로써 통제하려는 습관을 가지기 쉽다. 대안적으로 이 정좌명상은 현재에 머무르는 법을 연습하기 위한 것이며, 이를 통해 자신의 경험을 더 개방적이고 비판단적으로 대할 수 있다. 그리고 자신의 습관적이고 자동적인 반응 양식에서 벗어날 자유를 얻게 된다.

정좌명상 실습

1. 어느 정도 안정적이라고 느껴질 때까지 설명한 호흡과 신체에 마음챙김을 연습하라.
2. 알아차림의 초점을 신체감각에서 듣는 것으로 옮겨라. 주의의 초점을 귀에 두고 주의를 개방하고 확장하여 어떤 것이든 간에 소리가 나는 그대로 받아들일 수 있도록 하라.
3. 일부러 소리를 찾거나 특정 소리에 귀를 기울일 필요는 없다. 대신 가능한 한 마음을 개방하여 모든 방향에서 오는 소리를 있는 그대로 알아차려서 받아들이도록 하라. 가까운 곳의 소리, 먼 곳의 소리, 정면, 뒤 혹은 옆에서 나는 소리, 위 혹은 아래에서 나는 소리를 알아차려라. 분명한 소리와 미묘한 소리, 소리 사이의 공백을 알아차리고, 침묵을 알아차려라.
4. 소리를 가급적 단순한 감각으로 알아차려라. 만일 소리에 대하여 생각하고 있다는 것을 알아차리게 되면 그 의미나 암시보다는 가급적 소리의 감각적 특성(소리 고저의 패턴, 크기, 지속시간 등)을 직접 알아차리도록 하라.
5. 알아차림의 초점이 그 순간의 소리에 머물지 않게 된 것을 알아차릴 때마다 마음이 어디에 가 있었는지 부드럽게 인정하고, 매 순간 나타났다가 사라지는 소리에 주의를 다시 돌려라.

6. 소리에 대한 마음챙김은, 여기에서처럼 감각에 대한 알아차림에 뒤이어 하든, 아니면 생각에 대한 알아차림에 앞서서 하든 간에 알아차림을 확장시키고 더 개방적이고 광범위한 특성을 갖게끔 하는 방법으로서 그 자체로 매우 가치 있는 실습일 수 있다.
7. 준비가 되면, 소리에 대한 알아차림을 내려놓고 마음에서 일어나는 사건으로서 현재의 생각을 알아차릴 수 있도록 주의를 되돌려라. 소리와 함께하면서 어떤 소리가 나든 소리가 나서 퍼지고 사라지는 것을 알아차리며 주의를 옮긴 것처럼 마음의 공간 내에 어떤 생각이 지나가고 결국 사라지는지에 주의의 초점을 맞추어라. 일부러 생각을 떠오르게 하거나 사라지게 할 필요는 없다. 소리가 나고 사라질 때와 같은 방식으로 생각을 그냥 두면 된다.
8. 어떤 사람은 마치 스크린에 투사된 것과 마찬가지의 방법으로 마음에 떠오르는 생각을 알아차리는 것이 도움이 된다고 한다. 앉아서 생각이 떠오르면 저쪽 '스크린'에 그 생각이 있는 것처럼 주의를 기울이고, 그것이 지나가도록 두면 된다.

출처: 이우경, 조선미, 황태연(2006)에서 일부 수정 보완함.

강물 위의 낙엽처럼 흐름에 맡기기 명상

이 방법은 앞선 2가지 실습법과는 달리, 수용전념치료acceptance and commitment therapy, ACT에서 사용되는 명상 실습법이다. 소리와 생각에 대한 마음챙김 명상보다 알아차림의 대상이 더 많지만, 심상을 활용한다는 점에서는 실습하기 용이할 수 있다.

'강물 위의 낙엽처럼 흐름에 맡기기' 명상 실습

흐름에 맡기는 연습 역시 천천히 심호흡을 하는 것부터 시작하겠습니다. 잠시 심호흡을 하다가 당신에게 찾아오는 모든 경험(생각, 느낌, 감각, 욕망 혹은 충동)을 알아차리고, 각각의 경험에 이름을 붙이십시오. 당신의 몸과 마음에서 일어나는 모든 일에 주의를 기울이고, 거기에 단순히 이름을 붙이는 겁니다. 발에서 느껴지는 통증은 '감각'이고, 친구의 값비싼 자동차에 대한 판단은 '생각'이며, 이 연습을 하려고 애쓸 때 찾아오는 짜증스러움은 '느낌'입니다. 연습을 그만두고 텔레비전을 보고 싶은 마음이 갑작스럽게 일어났다면 그것은 '충동'입니다.

좋습니다. 당신은 지금 어떤 경험이 찾아올 때마다 그것을 관찰하면서 이름을 붙이고 있습니다. 이제 한 가지를 더 해봅시다. 당신이 지금 강둑에 앉아서 유유히 흘러가는 강물을 바라보고 있다고 상상해보십시오. 당신은 가을 색으로 물든 나뭇잎들이 강물 위에 수없이 떨어져 있는 것을 알아차렸습니다. 낙엽들은 물결을 따라 천천히 흘러가고 있습니다.

지금부터는 당신의 마음에 어떤 생각, 느낌, 감각, 충동이 찾아올 때마다 그것을 나뭇잎 위에 하나씩 얹으십시오. 나뭇잎이 당신 쪽으로 살며시 다가오는 것을 관찰하고, 나뭇잎이 당신에게서 천천히 멀어지는 것도 바라보십시오. 그리고 마침내 나뭇잎이 멀리 떠내려가서 더 이상 보이지 않게 되는 것을 지켜보십시오. 당신에게 찾아온 생각, 느낌, 감각, 충동을 커다란 나뭇잎 위에 하나씩 올려놓고, 그 낙엽이 강물의 흐름을 따라 흘러가도록 내버려두십시오.

〈중략〉

이 연습과제는 당신이 경험하는 모든 것을 관찰하고, 수용하고, 떠나보낼 수 있도록 도와줄 것입니다. 일주일 동안 하루에 한 번씩 이 과제를 연습하십시오.

그렇게 하면 당신은 덧없는 씨름에 매달리는 선수가 아니라 그것을 관찰하는 사람이 되는 방법을 익히게 될 것입니다.

출처: 유성진(2008)에서 일부 수정 보완함.

이러한 명상 실습들을 앞서 소개한 조기 경보신호 확인하기, 증상 모니터하기와 함께 매일 꾸준히 하게 되면, 우울증이나 조증 삽화의 재발을 방지하는 데 도움을 얻을 수 있을 것으로 기대된다.

3) 대인관계 및 사회적 리듬 치료

대인관계 및 사회적 리듬 치료interpersonal and social rhythm therapy, IPSRT는 임상심리학자인 프랭크Frank와 정신과 의사 쿠퍼Kupfer 등이 개발한, 양극성 장애에 특화된 치료 프로그램이다. IPSRT는 사회적 일상생활의 규칙성과 대인관계 안정이 양극성 장애 재발을 예방하는 효과가 있다는 논리에 기초한다.

이 치료의 기본 구성은 단극성 우울증에 효과가 검증된 클러먼Klerman의 대인관계치료IPT에 사회적 차이트게버 가설social Zeitgeber hypothesis을 결합한 것이다.

IPSRT는 매뉴얼에 근거한 개인 심리치료이며, 임상 시험에서 2년에 걸친 치료 효과가 입증되었다(Frank, 2005). 치료 과정은 대략적으로 다음의 4단계로 나뉜다(Frank, Swartz, & Kupfer, 2000).

◆ IPSRT의 치료 과정

초기	• 몇 주에서 몇 개월간 지속, 매주 45분 회기, 급성기 또는 유지기에 모두 시작 가능. • 과거력 수집, 대인관계 질문지 실시, 대인관계 문제 영역 확인, 양극성 장애에 대한 심리교육, 사회적 리듬 차트(SRM) 도입. (*아직 변화 노력은 하지 않음)
중기	• 사회적 리듬 안정화: 3~4주간의 SRM을 검토하여 불규칙한 리듬을 만드는 활동을 변경, 얼마만큼의 수면, 자극, 규칙성이 개인에게 최적인지 탐색, 사회적 리듬을 교란하는 일상의 변화에 적응하는 방법을 다룸. • 대인관계 문제해결: 기존의 IPT와 유사.
예방기	• 치료 회기를 월 1회로 줄이고, 2년 이상 유지. • 치료 장면 밖에서 IPSRT 기법을 적용하여 자신감을 갖도록 함.
종결기	• 종결은 4~6회 가량 매월 회기를 가지며, 점진적으로 진행. • 향후 잠재적 재발 시기에 활용 가능한 자원을 상기시켜줌.

지면 관계상 이 치료법 전반을 자세히 다루지는 못하지만, IPSRT의 독특한 치료적 구성 요소라고 할 수 있으며 여타 심리치료에서도 중요하게 다루고 있는 사회적 리듬 안정화라는 주제를 중심으로 소개하도록 하겠다. 관심이 있는 독자는 프랭크의 치료 매뉴얼(Frank, 2005)에서 세부사항을 참고할 수 있다.

(1) 사회적 리듬의 안정화

IPSRT에서는 기분 증상을 조절하고 관리하기 위해 환자의 사회적 리듬을 안정화시키는 개입을 주로 사용한다.

사회적 차이트게버 가설

차이트게버Zeitgeber는 독일어로 시간Zeit과 주는 것Geber이라는 단어가 합성된 용어다. 사회적 차이트게버 또는 사회적 리듬이란 잠자는 시간, 일어나는 시간, 일하러 가는 시간, 사회생활 등 매일의 활동에 있는 규칙적 패턴을 만드는 신호가 되는 것들이다. 이러한 사회적 리듬에 변화를 일으키는 사건은 생체 리듬을 바꾼다. 만약 시간대가 다른 곳으로 여행을 하게 되거나 야간 및 교대 근무를 하거나, 자녀 출산으로 부모가 될 경우 규칙적인 사회적 차이트게버를 잃게 되고 사회적 리듬이 변경된다.

사회적 리듬에 변화를 일으키는 사건은 생물학적 리듬을 바꾸고, 특히 양극성 장애에 취약성을 가진 사람들에게 큰 영향을 미친다. 만약 취약성이 없는 사람이라면, 장거리 여행 후 바뀐 시차에 잠시 불편함을 느끼지만 금세 자신의 생물학적 리듬을 회복할 것이다. 그러나 양극성 장애를 겪은 이들에게 한번 교란된 사회적 · 생물학적 리듬은 자연 회복되지 못하고 기분 증상의 발생으로 이어지기가 쉽다. 실직이나 이혼, 사별과 같은 생활사건들은 그 사건 자체의 심리적 의미를 통해서뿐만 아니라, 생물학적특히 수면 리듬에서의 변화를 촉발하기 때문에 기분삽화를 유발할 수 있다는 것이 사회적 차이트게버 가설이다.

사회적 리듬 차트

치료 초기에 환자의 사회적 리듬이 어떠한지를 관찰하고 파악하는 방법으로 사회적 리듬 차트social rhythm metric, SRM를 소개한다. 사회적 리듬 차트는 하루 일과예: 잠자리에서 일어난 시간, 다른 사람과의 첫 만남, 식사, 수면 등를 기록하는 17문항 또는 단축형으로는 5문항의 표로, 그 활동을 혼자 또는 누구와 함께 했는지, 그리고 얼마나 자극이 되었는지를 적는다. 또한 그 날의 기분과 에너지 수준을 함께 기록한다. 매일 5~15분 정도를 들여 사회적 리듬 차트를 작성하도록 하고, 매 회기에서 그 주의 사회적 리듬 차트를 점검한다.

사회적 리듬 차트 작성을 통해 환자들은 자신의 하루 일과와 수면 그리고 기분 변동 간의 상호작용을 파악할 수 있게 된다. 그리고 계속하여 기록하다 보면 일상에서 특정한 패턴을 발견하게 되고, 이것이 감정조절을 위한 매우 귀중한 자료가 된다. IPSRT의 치료 성과는 급성기에 사회적 리듬 차트가 잘 실행되었을 때 가장 효과적인 것으로 알려져 있다(Frank, 2005). 또한 치료를 받는 동안 계속하여 꾸준히 사회적 리듬 차트를 작성한다.

치료 초기 동안에는 사회적 리듬 차트를 작성하면서 자신의 생활패턴을 관찰하는 것이 목적이며, 이를 변경하려는 노력을 하지는 않는다. 사회적 리듬을 변경하는 개입은 치료 중기부터 시작된다. 환자는 지난 3~4주간의 사회적 리듬 차트를 치료자와 함께 검토하면서, 자신의 일상에서 어떤 활동이 수면 그리고 사회적 자극의 증가 또는 감소와 연결되는지를 찾게 된다. 즉, 자신의 사회적 리듬이 붕괴되는 촉발요인이 무엇인지를 확인한다.

◆ 사회적 리듬 차트(SRM)

날짜 (　　주차): ____________

작성방법:
- 각 활동을 하고 싶은 이상적인 목표 시간을 기록하십시오.
- 매일 그 활동을 한 실제 시간을 기록하십시오.
- 그 활동을 함께 한 사람을 기록하십시오.

(0=혼자, 1=타인이 있었음, 2=타인이 적극적으로 참여함, 3=타인이 매우 자극이 됨)

		일		월		화		수		목		금		토	
활동	목표 시간	시간	사람	시간	사람	시간	사람	시간	사람	시간	사람	시간	사람	시간	사람
잠자리에서 일어남															
다른 사람과의 첫 번째 접촉															
일/학업/자원봉사/집안일을 시작함															
저녁식사															
잠자리에 듦															
하루의 기분을 −5~+5점으로 평가 * −5 = 매우 우울 * +5 = 매우 기분이 고조됨															
하루의 에너지 수준을 −5~+5점으로 평가 * −5 = 매우 느리고 피로함 * +5 = 매우 에너지가 넘치고 활동적임															

출처: Frank & Swartz(2013). 저자의 허락을 얻어 필자가 번안하여 제시함.

활동 대 비활동의 균형을 찾고 유지하기

사회적 리듬을 무너뜨리는 촉발요인을 찾는 과정은 비교적 짧은 기간 내에 완료될 수 있는 데 비해, 사회적 리듬의 적절한 균형을 찾고 변화에 적응하는 작업은 장기간의 시행착오와 실험을 요한다. 개인에게 가장 균형 있는 최적의 기분 상태와 연결되는 수면 시간, 사회적 상호작용의 양, 지적이거나 정서적인 자극의 양을 찾아야 하는 것이다.

결론적으로 이야기하자면, **일반적으로 양극성 장애 환자들은 기분 장애를 경험한 적이 없는 사람에게 필요한 것보다 더 높은 수준의 규칙성을 유지할 때 얻는 이득이 있다**(Frank, 2005). 이는 마치 천식이 있는 사람이 그렇지 않은 사람에 비하여 주변 공기를 더 깨끗하게 유지하며 생활할 필요가 있는 것과 마찬가지다. 그리고 지금까지의 자신의 병력을 생각해보면 이 균형점을 찾을 때 참고할 정보를 얻을 수 있다. 만약 과거에 조증이 더 많고 조증이 급속히 점증되었던 환자라면, 수면 감소와 너무 많은 활동 및 자극을 피하는 것에 강조점이 주어질 필요가 있다. (경)조증 삽화가 아닌, 평소에 주로 경미한 우울을 느끼는 경향이 있는 양극성 장애 환자라면 너무 적은 활동을 계획하는 것이 우울을 예방하는 데 충분한 자극이나 동기를 주지 못할 수 있다. 이러한 환자들은 좀 더 꽉 찬 스케줄과 더 나은 기분과의 관계성을 인식하는 데 중점을 두어야 한다.

IPSRT의 관점에서 사회적 일과가 변경되는 사건들은 모두 재발에 취약해지는 시기들이다. 이러한 변화는 휴가를 떠나거나 새로운 직장으로 이직하는 것과 같이 예상 가능한 것들이기도 하고, 해고나 죽음, 별거와 같이 예측 불가한 것도 있다. 이러한 시기일수록 사회적 리듬을 안정화시키는 스케줄을 지킴으로써 증상의 재발을 방지하려는 특별한 노력이 필요하다.

(2) 대인관계 문제의 해결

IPSRT에서는 대인관계의 안정이 재발을 방지하는 데 중요하다는 점을 강조한다. 치료 초기에 사례개념화의 일부로서 환자의 대인관계 양상에 대한 면밀한 평가가 이루어지며, 우선 개입해야 할 문제 영역을 선택하게 된다. 어떤 대인관계 영역의 문제가 환자가 최근 경험한 기분 증상에 가장 영향을 주는지를 파악하는 것이다. 그리고 치료 중기부터는 대인관계 문제를 해결하기 위한 개입에 강조점이 주어진다. 기존의 IPT와 마찬가지로, IPSRT에서는 대인관계 문제를 다음의 4가지 영역으로 나누어서 접근한다.

- 미해결된 애도
- 대인관계 갈등
- 역할 전환

• 대인관계 결핍

건강한 자기를 잃은 것에 대한 애도

기존 4개 영역에 IPSRT에서 새롭게 추가된 5번째 대인관계 문제 영역은 "건강한 자기를 잃은 것에 대한 애도grief for the lost healthy self"다. 양극성 장애, 특히 제I형 양극성 장애 환자들은 단극성 우울증 환자들과는 달리 자신의 인생을 진단 이전과 이후로 양분하는 경향이 있다고 한다. 발병 전의 자기 또는 양극성 장애가 아니었더라면 될 수 있었을 자신의 건강한 모습을 잃은 것에 대한 애도를 이 5번째 영역에서 집중적으로 다루게 된다.

이 과정에서 치료자는 환자가 잃어버린 희망, 망친 인간관계, 중단된 경력, 지나간 기회들에 대한 슬픔이나 분노 등 고통스러운 감정을 표현할 수 있도록 격려한다. 이러한 애도 과정을 통하여 새로운 관계, 새롭고 보다 현실적인 목표를 만들고 미래의 기회에 집중할 수 있도록 한다.

(3) 기타 치료적 개입들

IPSRT에서는 '사회적 리듬 안정화'와 '대인관계 문제해결'이 양대 축을 이루지만, 환자 개인의 특성에 따라 그 외에 여러 가지 개입을 부가적으로 활용한다. 특히 재발 위험 시 행동지침구조 프로토콜의 설정, 약물 복용과 부작용에 대한 모니터하기, 처방받은 것 외의 다른 약물이나 술의 사용에 대한 검토, 운동과 영양학적 자문이 모든 IPSRT 환자에게 공통적으로 사용되는 부가적 개입법이다(Frank, 2005). 그 외에 계절성 기분 변동에 따른 광선치료, 가족 구성원이나 지지 집단의 참여 등도 필요 시 고려될 수 있다.

재발 위험 시 행동지침구조 프로토콜

양극성 장애는 본질적으로 만성적으로 재발할 수 있는 병이며, 임상적인 상태가 급격히 진행될 수 있기 때문에 환자가 정상 기분 상태일 때에 환자와 가족이 합의된 행동지침을 만들어서 가지고 있는 것이 중요하다. 재발 위험 시 행동지침 또는 재발 예방 계약서 등 용어는 심리치료마다 다르지만, 이러한 구체적인 행동지침을 미리 만드는 것이 공통적으로 권고된다.

특히 조증의 악화 과정은 '역을 떠나는 기차'에 비유할 수 있다(Miklowitz, 2011). 핵심은 기차가 떠나기 전에 잡아야 한다는 것이다. 기차가 막 떠나려고 할 때에는 기차를 세우고 내릴 수 있지만, 속도가 붙은 후에는 내리기가 거의 불가능하다. 행동지침을 만드는 첫 단계는 조증의 초기 경보신호들을 확실히 알아두는 것이다. 사람마다 조증의 초기 경보신호는 다를 수 있다. 기분이나 인지, 수면에서 평소와는 달라지는 면들이 무엇인지를 포착하려 노력해보자. 때로는 정상적인 좋은 기분과 조증이 잘 구별되지 않기도 한다. 이럴 때에는 수면 변동을 유심히 살펴볼 필요가 있다. 만약 어떠한 이유에서든 수면이 줄어들기 시작한다면, 이것은 새로운 기분삽화가 시작되는 초기 경보신호로 간주해야 한다.

초기 경보신호의 목록을 작성하는 것이 행동지침 만들기의 1단계다. 그다음으로 이러한 초기 신호가 나타날 때 환자와 가족, 주변 사람들이 어떤 행동을 할 수 있을지를 심사숙고하여 예방 계획의 목록을 작성하는 것이 2단계다. 여기에는 환자 스스로 병원에 전화하거나 가족에게 전화하도록 하기, 응급실 내원하기, 48시간 동안 인생에서 중요한 결정들을 미루기, 혼자서 주식 투자를 하거나 운전, 홈쇼핑 광고를 보지 않기 등이 있을 수 있다. 마지막 3단계는 앞의 두 단계를 기록하여 언제든 볼 수 있는 문서로 만드는 것이다.

운동과 영양학적 자문

양극성 장애 환자들이 복용하는 약 중에는 부작용으로 체중 증가를 유발할 수 있는 것들이 있으며, 과체중 및 비만은 양극성 장애 치료 성과가 낮아지는 것과 상관이 있다(Frank, 2005). 규칙적인 유산소 운동과 적절한 식단 조절은 일반인에게서와 마찬가지로 양극성 장애 환자들에게도 유익하다. 이는 체중 증가를 방지할 뿐만 아니라 약간의 기분 안정 효과도 지닌다. 꼭 운동을 강하게 해야 하는 것이 아니라, 하루 20~30분의 산책을 규칙적으로 하는 것만으로도 도움이 된다. 정기적으로 운동을 하는 것은 규칙적인 사회적 리듬을 지키는 데에도 일조할 수 있다. ◆

4. 환자 및 가족 교육

모든 신체질환이나 심리적 장애가 그렇듯이, 특히 양극성 장애의 치료에 있어 치료자의 역할 못지않게 환자와 가족의 역할이 매우 중요하며, 이들을 체계적으로 장기간 교육하는 작업은 양극성 장애의 치료에 필수적이다. 이와 같은 맥락에서 치료자와 환자 및 가족이 명심해야 할 사항이 있다. 치료자의 경우 치료자 입장에서 일방적인 역할을 하던 종전의 치료와는 달리, 환자 및 그 가족을 치료에 대한 적극적인 협력자로서 양극성 장애의 치료에 끌어들이려는 다각적인 노력을 기울여야 한다. 이와 동시에 환자 및 가족은 자신의 노력 여하에 따라 치료 성과가 좌우된다는 믿음을 갖고 치료에 최대한 협조하고 성실하게 임해야 한다.

1) 환자 및 가족 교육의 내용

우선 '좋은 환자 또는 가족이 되려면 어떻게 행동해야 하는가?'라는 질문에 스스로 분명하게 답할 수 있도록 교육받아야 한다. 양극성 장애와 관련된 책에서 환자 및 가족의 역할과 관련하여 다음과 같은 글을 본 적이 있다.

> "쓰레기를 넣으면 쓰레기가 나오고, 자신에 관한 전체 병력 자료를 솔직하게 제시하면 정확한 진단이 나옵니다. 귀하는 어떻게 하는 것이 현명한 선택이라고 생각합니까?(Court & Nelson, 1996)"

이 말은 환자에 관한 정확한 정보를 숨김없이 솔직하게 치료자에게 알리는 것이 중요하다는 의미다. 현재 겪고 있는 장애의 진단, 더 나아가 경과 및 예후를 정확하게 파악하고 효과적으로 치료하기 위해서는 정보 제공자의 솔직한 역할이 무엇보다도 중요하다.

다음으로 환자와 가족은 치료에 대해 적극적인 참여자 및 협력자가 되어야 한다. 양극성 장애의 경우, 특히 약물을 꾸준히 복용하면 어느 정도 기능을 회복할 수 있다는 사실을 환자와 가족에게 교육함으로써 약물치료의 효과를 극대화할 수 있다. 이를 위해서는 치료자의 처방에 따라서 약물을 꾸준히 복용할 수 있도록, 그리고 중간에 부작용이 있을 경우 임의로 약의 용량을 줄이거나 끊지 말고 이런 사실들을 치료자에게 숨김없이 알릴 수 있도록 교육해야 한다. 뿐만 아니라 인지행동치료, 문제해결 접근, 의사소통기술 훈련 등에서 요구되는 환자의 역할과 책임을 다할 수 있도록 충분히 교육해야 한다.

또한 증상 모니터 교육을 통해 초기에 경보신호를 탐지해서 장애가 더 악화되는 것을 방지할 수 있으며, 일상적인 경험들이 양극성 장애의 증상들과 어떻게 관계되는지를 파악할 수 있다. 그리고 상호 간에 신뢰롭고 건전한 치료적 관계를 형성할 수 있도록 치료자와 환자 모두 노력해야 한다. 이러한 관계가 형성된 후에 환자는 각 치료의 효과, 각 치료에 대한 개인적 느낌과 생각을 치료자에게 솔직하게 피드백할 수 있다. 이러한 여러 교육 과정을 거쳐서 환자나 그 가족이 자가치료자 역할을 할 수 있게 되면 치료가 효과적일 것이다. 뿐만 아니라 가족은 환자의 문제행동에 대해 효과적인 피드백을 제공하는 역할과 환자가 제 역할을 못할 경우 환자 대신 적극적인 협력자로서 치료에 참여하는 역할을 할 수 있도록 교육해야 한다.

그 밖에 환자 및 가족이 교육받아야 할 사항으로는 진단 및 치료 내용, 치료 결정의 이면에 있는 이론적 근거, 치료와 관련된 명백한 지시사항복용량, 시간 및 기타 중요한 정보, 약물치료의 효과, 예상 치료 기간, 증상이 개선되기까지 걸리는 시간, 환자의 권리와 책임, 치료자로부터 기대될 수 있는 도움의 종류, 비밀이 유지된다는 점 등이 있다.

환자 및 가족 교육에서 다룰 수 있는 중요한 주제 중 하나가 바로 진단을 받아들이는 방식이다. 양극성 장애로 처음 진단받았을 때를 한번 회상해보면 어떠한가? 당황, 분노, 슬픔과 같은 감정적 동요를 느끼거나, "왜 하필 나야?" "이런 일이 왜 지금 일어나는 거지?" "내가 다시 정상적인 삶을 살 수 있을까?"라는 여러 의문에 휩싸이게 되지는 않았는가? 어떤 면에서 이러한 의문을 갖는 것은 자연스럽다.

양극성 장애 진단은 사형선고가 아니다. '이건 별것 아니라고' 진단을 과소평가하거나 환자라는 점에 과도하게 몰입되어 과대평가하는 것은 모두 두려움에서 나오는 것임을 명심할 필요가 있다(Miklowitz, 2011). 양극성 장애를 가졌다는 것이 자신의 정체성이나 인생의 목표와 희망을 모두 포기해야 한다는 의미는 아니다. 양극성 장애로 진단되는 것은, 마치 당뇨나 고혈압과 같이 규칙적인 약물복용을 하면서 평생 생활습관을 조절해야 할 필요가 있는 만성적 장애를 갖고 있다는 것이다. 처음 진단을 받으면 매우 비관적인 전망을 갖게 될 수도 있지만, 적절한 치료를 받으면 적어도 조절 가능한 상태로 회복될 가능성이 높다는 점을 기억하는 것이 향후 치료 과정에 도움이 된다.

(1) 가족 교육의 기능

환자의 가족은 조증과 우울증의 증상, 치료, 그리고 앞으로의 미래를 위한 예후 등에 관해 많은 궁금증을 가지고 있다. 가족이 양극성 장애에 관해 교육받는 가족 교육은 다음과 같은 2가지 기능을 한다.

첫째, 가족이 그들 자신의 고통과 아픔에 대처하는 것을 돕고, 당장 닥친 난관과 앞으로 다가올 어려운 시기에 충분히 준비하도록 한다. 이와 관련하여 정신재활전문가인 해트필드Hatfield는 "자신을 스스로 잘 보살피는 가족이야말로 환자에게 정말 좋은 가족이다"라고 역설하였다.

둘째, 가족이 치료 과정에 적극적인 참여자가 되게끔 그들의 협력을 구한다. 환자들과 함께 생활하고 규칙적으로 접촉하며 환자들의 치료를 돕는 위치에 있는 사람들이 교육과정에 참여해야 한다. 배우자와 자녀, 부모 등이 좋은 대상이며, 때로는 가족의 친한 친구들을 포함하기도 한다. 치료 과정에서 실제로 중요한 질문은, 환자 자신이 치료에 관여해주기를 원하는 가족이 누구인가 하는 것이다. 언제나 그렇듯이, 치료자는 환자 정보에 대한 비밀을 최대한 보장하고, 중요한 타인들에게 환자에 관한 임상적 정보를 전달하기 전에 환자의 동의를 구해야 한다.

(2) 환자 및 가족 교육의 시기

환자 및 그 가족이 치료자와 접촉하는 모든 시간이 양극성 장애와 함께 생활하는 것에 관하여 그들이 교육받을 수 있는 기회다. 가족 교육을 위한 가장 분명한 시기는 초기 진단이 내려질 때다. 종종 초기 진단은 환자가 급성적으로 아플 때인 응급실 또는 입원환자 병동에 있을 때 내려지며, 환자들의 정신 상태가 명료해짐에 따라 교육과정이 시작된다.

대개 치료 팀은 다음과 같은 환자들의 질문에 대답할 준비가 되어 있다. "나에게 무슨 일이 일어났는가?" "이것을 초래한 원인은 무엇인가?" "왜 나는 이 약을 먹어야 하는가?" "내 인생의 나머지 기간 동안에도 이 약을 먹어야만 하는가?" "언제 나는 정상으로 회복되는가?" "재발하는가?"

물론 환자들이 병원을 퇴원한 후에도 교육과정은 계속된다. 환자들은 급성기 동안에는 증상들로 인해 제공되는 정보를 충분히 파악하지 못하므로, 증상들이 경감된 후 외래치료를 담당하는 치료자들은 다시 보충교육을 시켜주곤 한다.

2) 환자 및 가족 교육의 방법

어떤 사람들은 양극성 장애에 관한 자료를 읽어보고, 강연에 참가하며, 연관된 특수한 문제에 관해 다른 사람들과 대화하는 데 시간을 들인다. 이들이 외관상 정보를 잘 제공받았다 하더라도, 그 정보를 보다 구체적으로 이해하기 위해서는 정보의 명료화나 추가적인 정보가 필요한 경우가 허다하다. 비디오테이프, 소책자 및 자가치료서들은 많은 양의 귀중한 정보를 제공해줄 수 있다.

환자 관리에 일차적인 책임이 있는 치료자들은 양극성 장애의 진단, 예후 및 치료에 관해 환자와 가족에게 정확한 정보를 주기 위한 방법으로, 양극성 장애로 분류된 환자들로 집단을 구성하여 직접 대면해서 교육시킨다. 양극성 장애 환자를 위한 집단교육으로 바르셀로나 프로그램이 널리 알려져 있으며(Colom & Vieta, 2006), 국내에서도 이를 수정한 프로그램이 일부 대학병원에서 실시되고 있다(대한우울 · 조울병학회, 2014). 또한 국내에서 환자교육을 실시했을 때 외래 진료 순응도가 높아졌고, 교육 후 자신의 병에 대한 객관적인 이해와 통찰이 증가하는 효과가 있었다는 보고도 있다(조현영 등, 2010).

우리나라에서 1995년도에 「정신보건법」이 제정된 이후 정신보건 전문요원 등 전문가들과 정부, 지방자치단체뿐 아니라 가족이나 일반인들이 정신과 환자들의 재활에 관심을 기울이는 정도가 계속 증가하고 있다. 이와 관련하여 정신병원과 심리사회재활센터 등에서 환자, 가족 또는 일반인을 대상으로 정신건강에 관해 대중교육을 활발하게 실시하고 있다. 양극성 장애에 관한 교육도 더욱 활성화시켜 나갈 필요가 있다.

3) 치료 순응을 높이기 위한 환자 및 가족의 역할

치료 순응의 문제에 국한시켜 생각해볼 때, 치료방침에 꾸준히 따르지 않는 문제는 모든 약물치료에서 흔하며, 특히 만성적인 또는 예방적인 약물치료를 받을 경우 가장 큰 골칫거리다. 치료 순응의 문제는 환자를 순응자와 비순응자로 나누는 이분법적 현상이 아니라 정도의 문제이며, 치료를 전면 거부하거나 조기에 중단하는 것, 약물의 복용량, 복용시간 또는 규칙적인 복용에서의 오류 등 다양한 양상으로 나타난다.

치료 순응을 방해하는 요인들에는 여러 가지가 있을 수 있지만, 여기서는 환자와 가족의 변인에 한정해서 살펴보자. 치료방침에 잘 따르게 하기 위해서는 치료자, 환자 및 환자의 사회체계 내에서의 중요한 타인예: 가족 등 삼자 간 긴밀한 협력이 요구된다. 치료자 못지않게 환자와 그 가족의 역할 역시 매우 중요하다는 얘기다.

좋은 환자가 되기 위한 행동지침

1. 약물을 꾸준히 복용한다.
2. 약속을 잘 지킨다. 약속시간을 정확히 지키고, 치료비를 제때에 지불한다.
3. 숙제를 꼬박꼬박 잘한다.
4. 약속을 지킬 수 없을 때는 미리 연락한다. 24시간 전에 미리 알리는 것이 좋다.
5. 치료자가 주는 정보나 기대하는 바가 불명확할 때는 그냥 넘어가거나 넘겨짚지 말고 구체적으로 질문한다.
6. 자신의 관심사를 구체적으로 말로 표현한다. 특히 치료자와 상의해야 할 가장 시급한 문제는 간단하게 메모해오면 도움이 된다.
7. 새로운 증상, 증상의 호전 정도, 치료 방침에 대한 준수 정도, 부작용, 그리고 당면 문제에 대해 솔직하고 개방적인 태도를 보인다.
8. 치료자와 파트너가 됨으로써 치료자가 알아서 치료해준다는 식의 수동적인 역할에서 탈피한다.
9. 치료가 도움이 된다면 그것이 고통스러울지라도 충실히 따른다.
10. 치료 계획을 바꾸기를 원한다면 임의대로 어떤 행동을 취하지 말고 치료자와 즉각 상의한다.
11. 환자 자신이 대우받고 싶은 방식으로 치료자를 대한다.

특히 치료 방침을 준수할 수 있으려면 환자들은 치료의 이론적 근거, 각 치료적 조치의 목적, 특정 치료적 조치가 성공적일 경우 기대되는 성과, 그들의 구체적인 책임감을 이해해야 한다. 치료의 중요성이나 목적을 이해하지 못하는 사람은 그것을 따를 이유가 없을 것이다.

양극성 장애의 치료 효과를 높이기 위해서 가족은 우선 환자의 증상을 탐지하고, 환자를 격려하고 지지해주어야 한다. 또한 양극성 장애뿐 아니라 처방된 치료에 관한 사항들을 배우고, 환자가 허락한다면 치료에 관한 관심사들을 치료자에게 표현하고, 치료를 방해하지 말아야 한다. 환자를 자해나 자살로부터 보호하는 것도 중요하다. 이를 위해 치료자에게 어떻게 연락할 것인지 그 방법을 미리 알고 있어야 하며, 치료 회기에 따라서는 직접 참석하고, 필요할 경우에는 환자가 치료자와의 약속 장소에 가는 것을 도와준다. ◆

5. 스트레스 대처

이제까지는 치료의 초점을 양극성 장애의 증상 완화에 맞추어 논의하였지만, 지금부터는 환자들이 경험하는 심리사회적 문제를 효과적으로 해결하는 방법들을 살펴보려고 한다. 이러한 문제들은 조증 또는 우울증의 증상들을 악화시키거나, 반대로 그 문제들이 양극성 장애의 증상들로 인해 악화될 수 있기 때문이다.

1) 생물학적 요인과 심리사회적 문제의 상호작용

아직까지 구체적인 신경생물학적인 기제들이 정확하게 밝혀져 있지는 않지만, 양극성 장애가 생물학적 기반이 있는 심리적 장애라는 사실은 일반적으로 잘 받아들여지고 있다. 그러나 연구에 따르면 이미 양극성 장애가 발병한 후에 해당 환자들의 병력을 청취해볼 때, 양극성 장애의 발병은 스트레스 자극과 연관되어 있을 가능성이 있다고 한다. 특히 양극성 장애를 가진 사람 중 매우 높은 비율이 첫 번째 삽화뿐 아니라 그 이후의 조증과 우울증 삽화가 발생하기 바로 전에 중요한 심리사회적 스트레스 자극들을 경험한 것으로 밝혀졌다.

(1) 대뇌변연계의 발화

포스트Post는 양극성 장애의 경과에서 심리사회적 및 생물학적 요인 간의 상호작용을 이해하는 데 도움이 되는 모델로서 대뇌변연계의 발화limbic kindling와 행동적 민감화behavioral sensitization를 제안하였다(Post, 2007). 발화라는 개념은 한 번의 자극으로는 경련반응을 일으키지 않을 정도의 약한 전기적 자극을 대뇌에 반복적으로 주었을 경우, 이를 경험한 쥐가 결국에는 경련반응을 보이기 시작했다는 관찰로부터 나왔다. 이러한 경련반응들은 전기적 자극이 중단된 후에도 오랫동안 계속해서 나타났다. 포스트는 이러한 전기적 자극이 심리사회적 스트레스 자극들과 비슷한 역할을 할 것이라고 제안한다. 다시 말해, 생물학적으로 취약한 사람에게 스트레스가 계속 누적되면 우울증이나 조증이 유발된다는 것이다. 처음에는 확인 가능한 촉발자극스트레스성 생활사건이 있었던 기분삽화가 결국에는 당장 그런 자극이 없을 때에도 자발적으로 발생한다는 점에서 우울증이나 조증 삽화들은 발화된 경련반응과 비슷하다.

(2) 행동적 민감화

생활사건과 우울증 또는 조증 삽화, 특히 초기 발병 간의 연관성을 설명하는 다른 가능한 한 가지 방식은 행동적 민감화다. 이 개념은 정신운동성 흥분제예: 코카인를 반복적으로 복용한 사람이 시간이 흘러 그 약물에 민감해짐에 따라 동일한 반응을 일으키는 데 더 적은 양의 흥분제가 필요하다는 관찰에 기초하고 있다. 이 개념을 양극성 장애에 적용할 경우, 장애가 진행됨에 따라서 점차로 스트레스 자극의 수가 더 적거나 심각도가 덜해질지라도 우울증 또는 조증 삽화를 촉발시킬 수 있다는 점에서 생활사건은 흥분제와 비슷한 것으로 간주될 수 있다.

이러한 사실들을 고려할 때, 우울증과 조증의 재발을 방지하기 위해서는 스트레스 자극을 적절하게 관리할 필요가 있다. 그렇지만 양극성 장애 환자들에게 있어서 스트레스와 장애 간에는 인과관계가 간단하지 않은 경우가 많다. 실직과 같은 스트레스 자극으로 인해 겪는 심리적 고통 때문에 우울증이 유발될 수 있는 반면, 우울증 그 자체는 당사자에게 다른 심리사회적 문제를 초래할 수 있다. 평소 마음으로 크게 의지하던 큰딸을 시집보낸 후 주요우울증 삽화가 발생하였으며, 이 삽화로 인해 주업이던 식당 운영을 하지 못해 재정적인 어려움 등 여러 심리사회적 문제를 겪는 것이 그 예다.

조증 삽화는 특별한 촉발자극 없이도 발생할 수 있으나 조증의 행동적 후유증은 심리사회적 스트레스를 초래할 수 있다. 예를 들어, 지나친 돈 낭비와 판단력 장애로 인해 큰 빚을 지거나, 과도한 성욕과 난잡한 성관계로 인해 부부관계에 불화가 생기거나, 불법적인 행위를 한 결과 법적 문제가 초래될 수 있다. 그 후 조증 삽화가 경감될 때 비로소 자신의 삶이 너무나 엉망이라는 사실을 깨닫고 좌절감과 절망감을 느끼는 경우가 드물지 않다. 이런 경우 조증 삽화 동안에 발생했으나 여전히 남아있던 심리사회적 스트레스 자극들은 주요우울증 삽화를 부추길 수 있다.

2) 심리사회적 스트레스의 평가

환자들의 심리사회적 스트레스를 효과적으로 다루기 위해서는 우선 특정 개인의 심리사회적 및 대인관계적 기능의 강점과 약점을 철저하게 평가해야 한다. 이를 위한 가장 중요한 단계는 환자를 괴롭히는 문제가 정확하게 무엇인지 문제의 본질을 분명하게 정의하는 것이다. 환자와 사이가 나쁜 사람이 누구인지 또는 그런 문제가 발생하는 상황이 어딘지는 쉽게 파악할 수 있으나, 문제의 구체적인 성질을 기술하는 것은 어렵다. 문제 목록에는 지난주에 신체적 · 정서적 · 정신적 에너지를 쓴 모든 문제를 수록할 수 있다.

그다음에는 자신이 소비한 에너지의 양에 따라 문제들의 순서를 정하고, 환자 자신의 입장에서 각 문제의 중요도에 따라 우선순위를 정한다.

심리사회적 스트레스 자극들을 해결하기 위한 치료 계획을 짤 때에는 가장 우선순위가 높은 항목부터 다루어야 한다. 그렇지 않으면 환자의 전반적인 삶의 질에서 별로 중요하지 않은 문제에 가장 많은 정서적 에너지가 소비될 수 있다. 문제 목록은 또한 환자로 하여금 보다 시급한 문제에 주목할 필요가 있을 때 비교적 덜 중요한 문제에 소비되는 에너지의 양에 한계를 설정하도록 주의를 환기하는 데 사용될 수 있다.

〈문제 목록의 예〉에서 드러나듯이, 이 환자는 남편과 함께 있는 동안에는 부부간의 불화를 해결하는 것이 급선무임에도 우선순위가 매우 낮은 '친정 식구와 어떻게 지낼 것인가'에 많은 에너지를 쏟고 있음을 스스로 알게 된다.

◆ **문제 목록의 예**

에너지 소비량	문제 영역	우선 순위
1	아이를 돌보는 일	5
2	친정 식구와 함께 지내는 문제	8
3	자신에 대한 불만:	
	건강이 안 좋음	4
	화를 잘 처리하지 못함	5
	자기표현을 잘 하지 못함	4
	결정을 내리지 못함	6
	사교적이지 못함	7
	거친 말투	7
	부정적인 사고방식	3
4	이웃과의 갈등	4
5	시부모의 방문	2
6	남편에 대한 불만: 성격, 사고방식, 생활방식 차이	1
7	현재 사는 도시를 싫어함	7
8	치료자를 만나는 문제	3

3) 스트레스에 효과적으로 대처하기

다른 사람들과 마찬가지로, 양극성 장애를 가진 사람들 역시 생활의 여러 영역에서 심리사회적 문제를 겪을 수 있다. 이들은 치료를 받으러 오기 전에 그들 나름대로 자기 문제를 해결하려고 시도한다. 따라서 치료자는 새로운 치료 계획을 세우기 전에 그들이 이전에 어떤 방법들을 사용했는지 그리고 그런 방법들이 스트레스에 대처하는 데 얼마나 효과가 있었는지를 확인해보아야 한다. 이를 위해 다음과 같은 질문들을 할 수 있다.

- 이전에는 그 문제에 어떻게 대처했는가?
- 그런 방법을 현재의 문제에 적용하려고 시도한 적이 있는가?
- 그 방법을 이런 새로운 문제에 적용하는 데 방해되는 것이 있는가?
- 시도하고자 하는 다음 방법은 무엇인가?

이와 관련하여 환자는 치료자나 가족에게서 자신이 이전에 시도해보지 않았던 방법에는 어떤 것이 있는지 또는 시도는 했지만 성공하지 못한 방법을 어떻게 수정하면 되는지 등의 정보를 얻을 수 있다. 또한 이전에 시도한 방법들이나 구체적인 노력을 알아봄으로써 자기 자신의 대처 자원이나 기술을 더욱 분명하게 파악할 수 있다. 뿐만 아니라 스트레스 자극에 대처하는 데 있어서도 치료자나 가족을 자문가로 활용하기 위해 도움을 필요로 하는 영역에서 치료자의 전문적 지식과 가족의 생활의 지혜를 제공받을 수 있게 된다.

스트레스 대처 모델

종전에는 우리가 경험하는 스트레스를 단순히 개인에게서 나타나는 신체적 변화 또는 심리적 긴장반응이나 외부로부터 오는 자극예: 사업 실패, 실연 등으로 정의하던 견해가 우세하였다. 최근 들어서는 스트레스와 적응의 관계에서 개인차 변인을 고려하는 견해들이 주목받고 있다.

라자러스Lazarus와 포크만Folkman은 스트레스를 스트레스 자극환경적 요인과 개인의 대처 자원개인적 요인 간의 관계 또는 상호작용으로 개념화하는 스트레스 대처 모델을 제안하였다(Lazarus & Folkman, 1984). 이 모델에서는 사람들의 스트레스 대처방식을 문제중심적 대처예: 사업 실패의 원인을 자세히 살펴보고 그 문제점을 직접 해결한다, 사회적 지지의 추구예: 사업 실패를 극복하고 오뚝이처럼 재기하기 위해 부자인 아버지에게 재정적 도움을 구한다, 소망적 사고예: 사업이 실패하지 않고 승승장구하는 자신의 모습을 혼자서 그려본다 및 정서초점적 대처예: 친한 친구와 술 한잔 하면서 사업 실패와 관련된 괴로움을 털어놓는다 등 4가지로 구분하고 있다.

더 나아가서는 개인이 스트레스에 대처하기 위해 들이는 노력의 방향에 따라 앞의 2가지를 합쳐서 적극적 대처로, 그리고 뒤의 2가지를 합쳐서 소극적 대처로 나누기도 한다. 어떤 연구에 의하면, 이러한 2가지 대처방식 중 적극적 대처는 개인의 적응에 도움을 주지만 소극적 대처는 별 도움을 주지 못하거나 해로운 영향을 준다고 한다. 그러나 현재까지 진행된 보고들을 종합적으로 고려하면 기존의 이분법적 견해보다는 스트레스 자극의 성질에 따라서 그리고 개인의 형편이나 대처 능력에 따라서 각 대처 방식을 융통성 있게 활용하는 것이 바람직하다는 견해가 많은 지지를 받고 있다.

스트레스 자극에 효과적으로 대처하기 위해서는 각 자극의 성질을 정확히 파악한 후 각 자극별로 과거에 좋은 효과를 보인 방법을 다시 활용하거나, 여태껏 사용한 적은 없지만 특정 상황에 대한 적응에 효과적일 수 있는 방법을 적극 찾아보고, 새로 찾아낸 방법을 익숙하게 사용하기 위해 많은 노력을 기울인다. 이 과정은 환자 혼자서도 가능할 수 있지만, 상황이나 환자에 따라서는 치료자와 가족의 도움을 받아야 하는 경우가 많다.

심리학에서는 개인이 다른 사람들이나 환경으로부터 도움을 받는 것을 사회적 지지라고 한다. 개인에게 제공되는 지지의 종류에 따라 정보적 지지, 물질적 지지, 정서적 지지 및 자기존중감 지지 등으로 나뉜다.

다른 한편으로 환자들은 약물의 효능을 떨어뜨릴 수 있는 과도한 음주나 흥분제 등 물질남용과 수면각성 주기를 만성적으로 변덕스럽게 하는 활동들을 해서는 안 된다. 시간대가 다른 곳으로 해외여행을 할 경우에는 직장이나 생업에 복귀하기 전에 하루나 이틀 정도 여유를 두어 시차로 인한 후유증을 회복할 수 있도록 미리 계획을 세워 놓는 것이 좋다. 이런 방법들 외에 스트레스에 대한 효과적인 대처법들은 원호택과 박현순의 책(1999)을 참고하기 바란다.

4) 문제해결적 접근

개인의 심리사회적 문제를 다루기 위한 문제해결적 접근은 환자 자신이 문제해결에 필요한 기술을 가지고 있지만 그것을 효과적으로 활용하지 못하는 경우에 주로 사용된다. 문제해결적 접근을 적용하기 위해서는 환자가 기존에 갖고 있는 기술에 기초하여 대처 자원을 살펴보고, 자신의 능력을 인식하며, 다른 사람과의 협동적인 노력을 촉진하고, 치료 과정을 편리하게 해주어야 한다. 따라서 이 접근은 환자의 대처 능력을 중시하며, 환자를 문제해결 과정의 적극적인 참여자로 내세운다(Basco & Rush, 1996).

(1) 문제를 확인하고 정의하기

심리사회적 문제를 해결하는 데서 가장 어려운 단계는 문제해결을 촉진하는 방향으로 특정 문제를 확인하고 정의하는 것이다. 이를 위해서는 우선 문제를 가능한 한 분명하게 기술

◆ 문제를 분명하게 정의하는 데 도움이 되는 질문

질문	사례
무엇이 문제인가?	부부관계에서 분노를 다루기
그 문제는 언제 일어날 가능성이 가장 높은가?	부부간의 대화 중에
다른 사람이 관련되어 있는가?	남편이 관련되어 있다.
그들이 그 문제에 도움을 주는 방식이나 그 문제를 악화시키는 방식은 어떤 것인가?	남편은 내가 대화를 원할 때 수동적으로 응하거나 아무 대꾸를 하지 않는다.
그것이 어떤 식으로 문제를 유발하는가?	남편의 그런 행동에 효과적으로 대응하지 못하고 그냥 화를 낸다.
얼마나 자주 그 문제가 발생하는가?	과거에는 하루에 서너 번 이상이었으나, 요즘에는 빈도가 줄었다.
어떤 상황에서 문제가 완화되거나 악화되는가?	시부모가 방문했다가 돌아간 후에 더 심해지고, 내가 친정에 가있을 때는 덜하다.
그 문제의 결과는 무엇인가?	말을 거의 하지 않으며, 서로 애정을 느끼지 못하고, 아이 교육에도 안 좋다. 이혼을 고민한 적이 있으며, 현재 나는 우울증에 빠져 있다.
무엇이, 언제, 어디서, 어떻게, 그리고 누구와 함께 문제가 되는가?	부부관계가 문제이며, 내가 대화를 시도하는 경우에 집에서, 내가 남편에게 일방적으로 몰아붙이는 것이 문제가 된다.

해야 한다. 특정 문제에 여러 사람이 관련되어 있다면 개인별로 그 문제를 자신의 관점에서 진술할 기회를 가져야 한다. 사람에 따라 동일한 문제를 다르게 볼 수 있기 때문이다. 또한 문젯거리가 된 행동, 상황, 타이밍 또는 여건에 관해 구체적으로 기술해야 한다. 만약 두 사람 이상이 관련된 문제라면 당사자끼리의 논의를 통해 합의를 이끌어내야 한다. 개인적으로 느끼는 상처받은 감정이 문제라면, 그런 감정을 초래한 구체적인 행동들을 기술한다.

◆ 문제를 완전하게 이해하는 데 도움이 되는 질문

질문	사례
과거에 내가 했던 것 또는 현재 내가 하고 있는 행동이 효력이 있는가?	내가 일방적으로 대화를 요구하는 것은 효력이 없으나, 그가 대화할 준비가 되어 있고 차분하게 내 의견을 표현하는 경우에는 효력이 있다.
나는 무엇을 보고 들었는가?	남편은 아무 할 말이 없다고 했다.
어떤 생각이 계속되는가?	그가 나를 무시한다고 생각한다.
나는 어떻게 느끼고 있는가?	화가 치밀어오른다.

표에서 제시된 문제를 분명하게 하는 데 도움이 되는 질문들은 주로 선행사건자극, 문제반응의 심각도, 그리고 그 결과효과를 기본 틀로 한 문제의 외형적 측면이다. 또한 그다음에 나와 있는 문제를 보다 완전하게 이해하기 위한 질문들은 개인의

심리적 측면에 관한 것으로서 특정 문제를 보다 완전하게 이해하는 데 매우 효과적이다. 이러한 질문들을 통해 문제가 보다 명료해지고 완전하게 이해될 때 다음 단계로 진행한다.

(2) 가능한 해결책 만들어내기

문제를 정의하는 어려운 과제를 일단 성취하게 되면 그 문제를 해결하기 위해 여러 노력을 기울일 수 있다. 특히 환자의 대처 자원, 이전의 대처 방법, 그리고 효과적인 대처를 방해하는 장애요소 등을 평가하는 것이 유용하다. 가능한 한 평가 없이 새로운 해결책을 자유롭게 찾아본다. 이에 더해 장애요소로 인해 기존의 대처 자원을 사용하지 못하는 환자를 위해서 환자의 강점을 활용하는 반면, 약점을 제외시키기 위한 계획을 포함하여야 한다. 이 단계의 진행 절차는 다음과 같다.

- 가능한 해결책은 모두 고려한다. 이때 각 해결책의 질적 측면과 실천 가능성은 중요하지 않다. 과거에 도움이 되었던 행동들뿐 아니라 시도해보지 않았던 가능성 있는 새로운 행동들도 반드시 포함한다.
- 적어도 10가지 이상의 해결책을 찾아내려고 노력한다. 이를 위해서는 창의적인 자세를 취하고, 각 해결책의 질적 측면은 일단 고려하지 않는다.

- 덜 바람직하거나 비합리적인 해결책은 제외한다.
- 남은 해결책들은 선호도에 따라 그 순서를 정한다.
- 찬성과 반대라는 견지에서 남은 방법들을 평가한다.
- 누가 행동을 취할 것인지를 구체화한다.
- 각 개인이 행동을 취하도록 허용하는 어떤 해결책을 선정하려고 노력한다.
- 해결책을 어떻게 실천에 옮길 것인지 구체화한다.
- 언제 그것을 실천에 옮길 것인지 구체화한다.

(3) 특정한 해결책을 선택해서 실천하기

특정한 해결책을 선택하기 위해서는 의사결정을 분명하게 하는 것이 중요하다. 그러나 양극성 장애 환자들은 종종 자신이 우유부단해서 어떤 결정을 할 수 없다는 점을 깨닫는다. 이런 경우에는 생각을 종이에 적어보면 각 대안에 대하여 계속 반추함으로써 허비되는 정신적 에너지를 건설적으로 활용할 수 있다. 이런 방식은 또한 경조증 환자가 충동적으로 행동하기 전에 스스로 천천히 선택하고 각 해결책을 객관적으로 평가할 수 있는 시간을 제공해준다.

의사결정에 대한 구조화된 접근에서 첫 번째 단계는 각 해결책을 정의하는 것이다. 그다음에는 각 방법마다 장점과 단점을 열거한다. 세 번째 단계에서는 목록을 읽어본 후 항목별 중요도를 표시한다. 각 해결책마다 가장 중요하게 표시된 주요 항목을 검토하면 각 해결책이 가진 핵심적 측면에 초점을 맞춤으로써 의사결정 과정을 단순화할 수 있다. 이로써 다양한 해결책마다 주요 장점과 단점을 다른 해결책들과 비교할 수 있다. 이렇게 평가가 끝나면 환자는 네 번째 단계를

◆ **부부간 대화 시도의 장점과 단점**

	대화를 시도하는 것	대화를 아예 시도하지 않는 것
장점	*** 대화 시도 후에 부부간 문제가 해결되고 관계가 호전될 수 있음. * 대화를 통해 문제해결 방법을 익힘. *** 대화를 통해 남편이 나를 사랑한다는 점을 확인할 수 있음.	더 이상 관계가 나빠지지 않을 수도 있음.
단점	* 대화하는 동안에 내 분노감을 다스리지 못함. ** 결국 싸움을 하게 되고, 그 후에는 감정의 앙금이 오래 남게 됨. *** 관계가 더 악화될 수 있고, 결국에는 이혼하게 될지도 모름.	** 부부문제해결의 기회를 잃게 됨. *** 관계가 더욱 악화됨. ** 아이에게 나쁜 영향을 줌. *** 그러다가 정이 점점 더 없어지고 두 사람 간에 오해가 쌓이게 되면 결국 이혼하게 될 수 있음.

* 중요한 항목임 / ** 매우 중요한 항목임 / *** 가장 중요한 항목임

밟는다.

마지막 단계에서는 각 해결책의 장점들을 최대화시키는 반면에예: 대화를 시도하되 본래의 목적을 달성하도록 적극 노력한다, 단점들을 최소화시킬 가능성예: 환자 자신의 분노를 적절하게 다스리는 방법과 평소 쌓인 불만감을 적응적으로 해소하는 방법을 익힌다을 고려한다. 이 과정은 흔히 환자들이 결정하기 전에 각 해결책의 추가 정보를 수집할 것을 요구한다.

이런 과정을 거쳐 선택된 특정한 해결책을 직접 실천하기 전에 몇 가지를 고려해보아야 한다. 무엇보다 특정한 해결책의 실천 가능성을 확인해보아야 한다. 실천할 해결책을 선택할 때는 각 해결책을 통해 일어날 수 있는 최악과 최선이 무엇인지, 가장 잘 실천할 수 있는 대안이 무엇인지를 고려해본다. 가능하다면 행동을 실천할 구체적인 시간과 장소를 정한다. 또한 구체적으로 정의된 문제를 다루는 데 있어서 기존 계획을 약간 바꾼 것과 새로운 계획 중 어느 것이 더 나은지 결정하고, 두 번째 단계로 돌아가서 나머지 단계를 반복한다.

(4) 실천한 결과 평가하기

이 단계에서는 실천한 행동이 효과적인지를 평가한다. 만일 자신의 해결책이 효과적이라면 긍정적인 감정을 느낄 것이며, 앞으로 이와 비슷한 문제가 생길 경우 효과적인 해결책을 계속 적용할 수 있다. 이때 반드시 해결에 한몫을 담당한 가족이나 배우자 등 주변 사람들에게 감사를 표하는 등 긍정적인 피드백을 준다. 반면에 그 해결책이 효과적이지 못하면 실망, 좌절, 당황 등의 부정적 감정을 경험할 것이다. 이처럼 결과가 만족스럽지 못할 때는 두 번째 단계부터 다시 밟아보고 다른 행동계획을 세운다. 잘 되지 않는 행동들을 다시 반복하지 않아야 한다.

부부관계나 가족생활, 사회생활 또는 직장생활에서 당면하는 각종 심리사회적 문제들에 대하여 이러한 문제해결적 접근을 적극적으로 활용하면 문제들을 효과적으로 해결할 수 있을 것이다. ◆

참고문헌

권석만(2006). 위빠사나 명상의 심리치유적 기능. 불교와 심리(불교대학원대학교), 1, 1-49.

권석만(2013). 현대 이상심리학. 서울: 학지사.

권정혜 역(1999). 기분 다스리기[*Mind over mood: A cognitive therapy treatment manual for clients*]. D. Greenberger & C. A. Padesky 공저. 서울: 학지사. (원저는 1995년에 출판).

대한신경정신의학회(1997). 신경정신과학. 서울: 하나의학사.

대한우울 · 조울병학회(2014). 양극성장애 제2판: 조울병의 이해와 치료. 서울: 시그마프레스.

민경준, 박원명, 윤보현, 김원, 김병수, 이정구, 주연호, 서정석, 이은, 안용민, 신영철, 우영섭, 전덕인(2011). 한국형 양극성 장애 약물치료 알고리듬 2010: 총론. 대한정신약물학회지, 22, 142-153.

민성길(1994). 임상정신약리학. 서울: 진수출판사.

박원명, 전덕인, 김원, 송후림 공역(2013). 양극성 장애 극복 가이드: 조울병 치유로 가는 길[*The bipolar disorder survival guide: What you and your family need to know* (2nd ed.)]. D. J. Miklowitz 저. 서울: 시그마프레스. (원저는 2011년에 출판).

신민섭, 박광배, 오경자, 김중술(1990). 고등학생의 자살 성향에 관한 연구: 우울-절망-자살간의 구조적 분석. 한국심리학회지: 임상, 9, 1-19.

원호택, 박현순(1999). 인간관계와 적응: 삶을 위한 심리학. 서울: 서울대학교 출판부.
원호택, 박현순, 신경진, 이훈진, 조용래, 신현균, 김은정 공역(1996). 우울증의 인지치료[*Cognitive therapy of depression*]. A. T. Beck, A. J. Rush, B. Shaw, & G. Emery 공저. 서울: 학지사. (원저는 1979년에 출판).
유성진 역(2008). 분노의 갑옷을 벗어라[*ACT on life not on anger*]. G. H. Eifert, M. McKay, & J. P. Forsyth 공저. 서울: 학지사. (원저는 2006년에 출판).
이우경, 조선미, 황태연 공역(2012). 마음챙김 명상에 기초한 인지치료[*Mindfulness-based cognitive therapy for depression*. New York: The Guilford Press]. Z. V. Segal, J. M. G. Williams, & J. D. Teasdale 공저. 서울: 학지사. (원저는 2006년에 출판).
조현영, 임효덕, 원승희, 이승재, 장성만, 정운선, 이정재, 우정민, 정성훈(2010). 집단 정신건강교육이 양극성장애 환자의 치료 순응도와 병식에 미치는 영향. 대한우울 · 조울병학회지, 8(1), 31-36.
채규만, 최규련, 송정아, 홍숙자 공역(1996). 부부대화법: 부부가 함께 말하기와 듣기[*Couple communication 1: Talking and listening together*]. S. Miller, P. Miller, E. W. Nunnally, & D. B. Wackman 공저. 서울: 한국가족상담교육연구소. (원저는 1991년에 출판).
최영희, 이정흠 공역(1997). 인지치료 이론과 실제[*Cognitive behavior therapy: Basics and beyond*]. J. S. Beck 저. 서울: 하나의학사. (원저는 1995년에 출판).

Alloy, L. B., Abramson, L. Y., Urosevic, S., Walshaw, P. D., Nusslock, R., & Neeren, A. M. (2005). The psychosocial context of bipolar disorder: Environmental, cognitive, and developmental risk factors. *Clinical Psychology Review, 25*(8), 1043-1075.

American Psychiatric Association (2000). *Diagnostic and statistical manual of mental disorders* (4th ed.-text revision). Washington, DC: Author.

American Psychiatric Association (2013). *Diagnostic and statistical manual of mental disorders* (5th ed.). Washington, DC: Author.

Basco, M. R., & Rush, A. J. (1996). *Cognitive-behavioral therapy for bipolar disorder*. New York: The Guilford Press.

Benson, R. (1975). The forgotten treatment modality in bipolar illness: Psychotherapy. *Diseases of the Nervous System, 36*, 634-638.

Bertelsen, A., Harvald, B., & Hauge, M. (1977). A Danish twin study of manic-depressive disorders. *The British Journal of Psychiatry, 130*(4), 330-351.

Chiesa, A., & Serretti, A. (2011). Mindfulness based cognitive therapy for psychiatric disorders: A systematic review and meta-analysis. *Psychiatry Research, 187*(3), 441-453.

Colom, F., & Vieta, E. (2006). *Psychoeducation manual for bipolar disorder*. Cambridge: Cambridge University Press.

Court, B. L., & Nelson, G. E. (1996). *Bipolar puzzle solution: A mental health client's perspective*. Levittown, PA: Taylor & Francis.

Frank, E. (2005). *Treating bipolar disorder: A clinician's guide to interpersonal and social rhythm therapy*. New York: The Guilford Press.

Frank, E., Swartz, H. A., & Kupfer, D. J. (2000). Interpersonal and social rhythm therapy: Managing the chaos of bipolar disorder. *Biological Psychiatry, 48*, 593-604.

Germer, C. K. (2005). Mindfulness: What is it? What does it matter? In C. K. Germer, R. D., Siegel, & P. R. Fulton (Eds.), *Mindfulness and psychotherapy* (pp. 3-27). New York: The Guilford Press.

Goodwin, F. K., & Jamison, K. R. (2007). *Manic-depressive illness: bipolar disorders and recurrent depression.* New York: Oxford University Press.

Hirschfeld, R. M. A., Clayton, P. J., Cohen, I., Fawcett, J., Keck, P., McClellan, J., McElroy, S., Post, R., & Satloff, A. (1996). Practice guideline for treatment of patients with bipolar disorder. In American Psychiatric Association (Eds.), *Practice guidelines.* Washington, DC: American Psychiatric Association.

Johnson, S. L. (2005a). Mania and dysregulation in goal pursuit: A review. *Clinical Psychology Review, 25* (2), 241-262.

Johnson, S. L. (2005b). Life events in bipolar disorder: Towards more specific models. *Clinical Psychology Review, 25*(8), 1008-1027.

Johnson, S. L., Murray, G., Fredrickson, B., Youngstrom, E. A., Hinshaw, S., Bass, J. M., Deckersbach, T., Schooler, J., & Salloum, I. (2012). Creativity and bipolar disorder: Touched by fire or burning with questions? *Clinical Psychology Review, 32* (1), 1-12.

Keller, M. B., Lavori, P. W., Coryell, W., Endicott, J., & Mueller, T. I. (1993). Bipolar I: A five-year prospective follow-up. *The Journal of Nervous and Mental Disease, 181*(4), 238-245.

Kwon, S-K., & Oei, T. P. S. (1992). Differential causal roles of automatic thoughts and dysfunctional attitudes in depression. *Cognitive Therapy and Research, 16*, 309-328.

Kwon, S-K., & Oei, T. P. S. (1994). The roles of two levels of cognitions in the development, maintenance, and treatment of depression: A theoretical elaboration of Beck's cognitive theory of depression. *Clinical Psychology Review, 14*, 331-358.

Lam, D. H., Jones, S. H., & Hayward, P. (2010). *Cognitive therapy for bipolar disorder: A therapist's guide to concepts, methods, and practice* (2nd Ed.). Chichester: John Wiley and Sons.

Lazarus, R. S., & Folkman, S. (1984). *Stress, appraisal, and coping.* New York: Springer Publishing Company.

Markar, H. R., & Mander, A. J. (1989). Efficacy of lithium prophylaxis in clinical practice. *The British Journal of Psychiatry, 155*(4), 496-500.

Mendlewicz, J., & Rainer, J. D. (1977). Adoption study supporting genetic transmission in manic-depressive illness. *Nature, 268* (5618), 327-329.

Miklowitz, D. J. (2008). Adjunctive psychotherapy for bipolar disorder: State of the evidence. *American Journal of Psychiatry, 165*(11), 1408-1419.

Newman, C. F., Leahy, R. L., Beck, A. T., Reilly-Harrington, N. A., & Gyulai, L. (2002). *Bipolar disorder: A cognitive therapy approach.* Washington, DC: American Psychological Association.

Perich, T., Manicavasagar, V., Mitchell, P. B., Ball, J. R., & Hadzi Pavlovic, D. (2013). A randomized controlled trial of mindfulness based cognitive therapy for bipolar disorder. *Acta Psychiatrica Scandinavica, 127*(5), 333-343.

Post, R. M. (2007). Kindling and sensitization as models for affective episode recurrence, cyclicity, and tolerance phenomena. *Neuroscience & Biobehavioral Reviews, 31* (6), 858–873.

Prien, R. F., Kupfer, D. J., Mansky, P. A., Small, J. G., Tuason, V. B., Voss, C. B., & Johnson, W. E. (1984). Drug therapy in the prevention of recurrences in unipolar and bipolar affective disorders: Report of the NIMH Collaborative Study Group comparing lithium carbonate, imipramine, and a lithium carbonate-imipramine combination. *Archives of General Psychiatry, 41* (11), 1096–1104.

Schildkraut, J. J. (1965). The catecholamine hypothesis of affective disorders: A review of supporting evidence. *American Journal of Psychiatry, 122* (5), 509–522.

Scott, J., Garland, A., & Moorhead, S. (2001). A pilot study of cognitive therapy in bipolar disorders. *Psychological Medicine, 31*(03), 459–467.

Williams, J. M. G., Alatiq, Y., Crane, C., Barnhofer, T., Fennell, M. J., Duggan, D. S., & Goodwin, G. M. (2008). Mindfulness-based cognitive therapy (MBCT) in bipolar disorder: Preliminary evaluation of immediate effects on between-episode functioning. *Journal of Affective Disorders, 107* (1), 275–279.

더 읽을거리

권석만 (2013). 현대 이상심리학. 서울: 학지사.

박민철 역(2000). 조울병, 나는 이렇게 극복했다[*An unquiet mind*]. K. R. Jamison 저. 서울: 하나의학사. (원저는 1995년에 출판).

찾아보기

《인 명》

《내 용》

◎ 저자 소개

조용래(Cho, Yongrae)

서울대학교 심리학과를 졸업하고, 동 대학원에서 임상심리학을 전공하여 박사학위를 받았다. 서울대학교병원 신경정신과에서 임상심리 연수원 과정을 수료하였으며, 임상심리전문가, 정신보건임상심리사 1급, 인지행동치료 전문가, 명상지도전문가(R급) 자격증을 취득하였다. 조선대학교 의과대학 정신과 교수를 거쳐 현재 한림대학교 심리학과 교수로 재직하고 있다. 한국임상심리학회 제52대 회장이며, 『우울증의 인지치료』(공역, 학지사, 1996) 외에 불안장애와 우울장애를 비롯한 다양한 정신장애, 인지행동치료, 마음챙김, 정서조절곤란, 긍정심리치료에 관한 다수의 국내외 논문 및 저(역)서가 있다.

김빛나(Kim, Bin-Na)

서울대학교 윤리교육과를 졸업하고, 동 대학원에서 임상·상담심리학을 전공하여 양극성 장애에 대한 연구로 박사학위를 받았다. 삼성서울병원 정신과에서 임상심리 레지던트 과정을 수료하였으며, 임상심리전문가와 정신보건임상심리사 1급 자격증을 취득하였다. 현재 서울대학교 등에 강사로 출강하고 있다. 우울증과 양극성 장애 등 기분장애에 관심을 가지고 있으며, 이와 관련된 정신병리와 심리평가에 대한 다수의 국내외 논문이 있다.

ABNORMAL PSYCHOLOGY 3

양극성장애 기분의 상승과 하락을 반복하는 사람들

Bipolar Disorder

2000년 5월 20일 1판 1쇄 발행
2012년 2월 25일 1판 7쇄 발행
2016년 5월 30일 2판 1쇄 발행
2024년 1월 25일 2판 4쇄 발행

지은이 • 조용래 · 김빛나
펴낸이 • 김 진 환

펴낸곳 • (주) 학지사

04031 서울특별시 마포구 양화로 15길 20 마인드월드빌딩 5층

대표전화 • 02) 330-5114 팩스 • 02) 324-2345

등록번호 • 제313-2006-000265호

홈페이지 • http://www.hakjisa.co.kr
인스타그램 • https://www.instagram.com/hakjisabook/

ISBN 978-89-997-1003-2 94180
978-89-997-1000-1 (set)

정가 9,500원